NPO法人 日本サービスマナー協会

接客 Customer Service Basic Manual
サービスマナー

ベーシックマニュアル 改訂版

[監修]
NPO法人
日本サービスマナー協会
理事長 澤野 弘

はじめに

　「接客サービスマナー検定」は、高度なサービス適性を求められるサービス業を中心に、医療・福祉、介護の分野や金融業界などの幅広い分野で浸透している「思いやり」や「おもてなし」（ホスピタリティ）の接客サービス能力を判定する検定試験です。
ワンランク上の上質な接客サービスが求められる時代において、接客サービスマナー検定は多くの業界で注目を浴びている検定試験となっています。

　「接客サービスマナー検定」の目的は、接客サービスの基本からビジネスマナー、冠婚葬祭など一般マナーの様々な知識・技能により、ホスピタリティに満ち溢れた応対の実践と、お客様に対してより好印象を持っていただけるような人材の育成です。
以前から検定の参考書に関してのお問い合わせを多数いただいておりましたので、単なる参考書にとどまらず、接客サービスマナーの基本をしっかりと理解していただけるような内容で本書を構成いたしました。
試験に向けた学習をしていただくことで、接客サービスに必要な知識・考え方・実践応用力などを習得してもらうことが本書のねらいです。

　検定の取得により、高度な接客サービスマナー能力を身につけていることが証明され、また接客サービスに関わる知識や技能により、様々なシチュエーションにおいて相手の状況に配慮した「思いやり」のサービスを提供することができる能力のアピールに繋がります。また、ホテル業界やエアライン業界をはじめとした高度なサービス適性が求められる業界への就職にも役立てることが可能となりますので、就職活動を控えた学生の方々にも大変お勧めです。

本書と「接客サービスマナー検定」を通して、サービスレベルを向上することにより、相手の立場に立って、心から相手のことを考えて行動するホスピタリティを発揮できる「人財」として、皆様がご活躍されることを願っています。

NPO法人　日本サービスマナー協会
理事長　澤野　弘

接客サービスマナー
ベーシック マニュアル 新版

はじめに ・・・・・・・・・・・・・・・・・・・・・・・・・・・・・・・・・・・・・1

1 基本のマナー ・・・・・・・・・・・・・・・・・・・・・・・・・・・・5

＜第1章＞　基本のマナー ・・・・・・・・・・・・・・・・・・6
　◆社会人としての心構え◆ ・・・・・・・・・・・・・・・・・・6
　◆第一印象の基本5原則◆ ・・・・・・・・・・・・・・・・・・7
　　① 挨拶・お辞儀　　② 表情　　③ 身だしなみ
　　④ 態度（立居振舞）　⑤ 言葉遣い
　検定問題にチャレンジ！ ・・・・・・・・・・・・・・・・・・・15

2 ビジネス会話のマナー ・・・・・・・・・・・・・・・・・・・19

＜第2章＞　ビジネス会話のマナー ・・・・・・・・・・・20
　◆正しい敬語の使い方◆ ・・・・・・・・・・・・・・・・・・・20
　◆ビジネス会話の基本◆ ・・・・・・・・・・・・・・・・・・・23
　　① 5W3Hで相手に伝える　　② クッション言葉
　　③ 好感を与える表現　　　　④ ビジネス用語
　検定問題にチャレンジ！ ・・・・・・・・・・・・・・・・・・・27

3 コミュニケーションツールの活用 ・・・・・・・・・・・31

＜第3章＞　コミュニケーションツールの活用 ・・・・・32
　◆電話応対の基本マナー◆ ・・・・・・・・・・・・・・・・・32
　　① 電話をかける　② 電話を受ける　③ 保留
　　④ 伝言メモ（メモを残す）
　◆携帯電話のマナー◆ ・・・・・・・・・・・・・・・・・・・・38
　　① 携帯電話からかける　　② 携帯電話にかける
　◆FAX、SNS、オンラインのマナー◆ ・・・・・・・・・・39
　◆電子メール（E-mail）のマナー◆ ・・・・・・・・・・・40
　検定問題にチャレンジ！ ・・・・・・・・・・・・・・・・・・・42

4 ビジネス文書 47

<第4章> ビジネス文書 48
- ◆ビジネス文書の種類◆ 48
- ◆社内文書◆ 50
- ◆社外文書◆ 51
- ◆社交文書◆ 52
- 検定問題にチャレンジ！ 53

5 来客応対と訪問のマナー 57

<第5章> 来客応対と訪問のマナー 58
- ◆スマートな来客応対◆ 58
  - ① 受付　② 案内　③ お茶出し　④ 見送り
- ◆名刺交換・人物紹介◆ 62
  - ① 名刺交換　② 人物紹介
- ◆席次◆ 65
- ◆訪問のマナー◆ 67
- 検定問題にチャレンジ！ 69

6 食事のマナー 73

<第6章> 食事のマナー 74
- ◆テーブルマナーの基礎知識◆ 74
  - ① 基本のマナー　② フォーマルな場面の心得
- ◆日本料理のマナー◆ 75
  - ① 日本料理の種類　② 懐紙の使い方
  - ③ 正しい箸の使い方　④ 料理のいただき方
- ◆西洋料理のマナー◆ 78
  - ① 着席　② フルコース　③ ナプキンの使い方
  - ④ カトラリーの使い方　⑤ 料理のいただき方
- ◆中華料理のマナー◆ 82
  - ① 中華料理の種類　　② 円卓の席次
  - ③ 円卓（ターンテーブル）でのマナー　④ 料理のいただき方
- ◆立食スタイルのマナー◆ 84
  - ① 立食パーティーでの振舞い方　② スマートな料理の楽しみ方
- 検定問題にチャレンジ！ 86

7 冠婚葬祭 ・・・・・・・・・・・・・・・・・・・・・89

＜第7章＞　冠婚葬祭・・・・・・・・・・・90
◆冠婚葬祭の予備知識◆・・・・・・・・・・・90
◆慶事のマナー◆・・・・・・・・・・・・・・90
　① 慶事に招待されたら　② 受付での所作（結婚披露宴）
　③ ドレスコード
◆弔事のマナー◆・・・・・・・・・・・・・・93
　① 訃報を聞いたら　② 香典
　③ 通夜・葬儀での所作　④ 宗派ごとの焼香・献花
◆贈答マナー◆・・・・・・・・・・・・・・・98
　① お中元とお歳暮　② お見舞い・お祝い
　③ 金包みとお金の入れ方　④ 袱紗（ふくさ）の包み方
◆冠婚葬祭・豆知識◆・・・・・・・・・・・101
検定問題にチャレンジ！・・・・・・・・・・102

8 接客英語 ・・・・・・・・・・・・・・・・・・・105

＜第8章＞　接客英語・・・・・・・・・・106
◆基本のマナー◆・・・・・・・・・・・・・106
　① 友達と話すような英語は使わない
　② 場面に応じて、適切な丁寧さの表現を使う
　③ "I don't know" は使わない
◆接客英語で用いる質問文◆・・・・・・・・107
　① "May I…?"　② "Would you mind…?"
　③ "Could you (please)…?"　④ "Would you like…?"
　⑤ "Would you prefer…?"
　⑥ "Would you be willing to…?"
◆基本表現◆・・・・・・・・・・・・・・・109
◆シチュエーション別　基本フレーズ◆・・・110
　① レストラン　② ホテル（チェックイン）
　③ ショッピング　④ 空港・飛行機
検定問題にチャレンジ！・・・・・・・・・・113

1 基本のマナー

<第1章> 基本のマナー

マナーの基本

　私たちは、集団生活の中で毎日を送っています。マナーは、周囲の人と気持ちよく生活するための思いやりや心配りです。ビジネスシーンで信頼を得るためには、マナーを知る必要があります。相手への思いやりを一番に、状況によって応対を変えることが本当のマナーです。そもそも、マナーとは、人間関係をスムーズにする潤滑油なのです。

◆ 社会人としての心構え ◆

『働く』ということ…

　下表のように、会社に「いる」だけでは無意味。社員は会社に利益をもたらさなければ意味がありません。新入社員は、謙虚さと意欲が大切。自分の立場をきちんと把握して、自覚を持って行動しましょう。

学生と社会人の違い

評価対象	学生	社会人
責任	個人の責任	組織の責任
報酬	授業料を払う立場	給料をもらう立場
コスト	全て自分のお金で買ったもの	会社の費用で購入した備品を使用
時間	自由な時間	利益を生む時間
人間関係	同世代、好きな仲間、人	様々な年代、様々な人
評価	インプットがどれだけできたのかで評価される	アウトプットの量と質の成果で評価される 日頃の仕事の姿勢・成果や積み重ね

 ランクアップマナー

いつまでも教えてもらう立場では、会社のお荷物。
　　　　　「聞く」 ⇒ 「学ぶ」
1日でも早く戦力になるには、聞くことだけでなく、先輩方の行動から学ぶことが大切。

◆ 第一印象の基本５原則 ◆

　第一印象を決めるのは視覚・聴覚・言語の３要素で、中でも視覚・聴覚で概ね決まります。第一印象を良くすることで、相手に清潔感や信頼感を感じてもらえれば、スムーズな人間関係を築くことに繋がり、仕事もスムーズに進めることができます。

1	挨拶・お辞儀	⋯⋯ たかが挨拶とあなどるな！
2	表情	⋯⋯ 笑顔は人の心を和ませる！
3	身だしなみ	⋯⋯ ビジネスは外見も大切！
4	態度（立居振舞）	⋯⋯ 日常的に意識してスマートな振舞を！
5	言葉遣い	⋯⋯ 正しい敬語、言葉遣いで円滑にコミュニケーションを図る！

① 挨拶・お辞儀
　挨拶はコミュニケーションの基本。挨拶をすることで、明るく仕事をしやすい環境をつくります。恥ずかしがらず、相手に聞こえる明るく大きな声で、率先して挨拶をすることがマナーの第一歩です。

あ　あかるく（笑顔で元気に）

い　いつでも（いつでも忘れずに）

さ　さきに（自分から進んで）

つ　つづけて（一言添えて）

シチュエーション別の挨拶

シチュエーション	挨拶・お辞儀
上司・先輩に対して	立ち止まって、挨拶＋お辞儀をします。
お客様に対して	「お世話になっております」と声をかけ、お辞儀をします。 手が離せないときは、会釈や目礼で敬意を示すようにします。
社外の人に対して	宅配便のスタッフや清掃スタッフ、警備員など社内で会う人には、積極的に声をかけ、挨拶しましょう。
自社の面識がない人に対して	「こんにちは」「お疲れ様です」と声をかけ、軽くお辞儀をします。 ※目上の方に「ご苦労様」とは言いません。 　「ご苦労様」は、目下の者に対するねぎらいの言葉です。
親しい同僚に対して	「おはよう」などの気軽な挨拶でかまいません。

シチュエーション	自　分	相　手
出勤時	おはようございます	おはようございます
外出時	・・に行ってまいります	いってらっしゃいませ
帰社時	只今戻りました	お帰りなさい お疲れ様でした
デスクにいる時	業務中でも手を止めて、相手の方を向いて挨拶をします。 電話中など手が離せない時は、後から必ず声をかけましょう。	
お手洗い	特に挨拶は不要です。目があったら、軽くお辞儀をする程度でかまいません。相手から言葉をかけられたら、必ず返事をしましょう。	
エレベーター	状況に合わせて声量を調節し、混んでいる時は会釈だけでも構いません。降りる時は「失礼いたします」の一声をかけましょう。	
階段	高い位置からの挨拶は失礼です。相手と同じ高さで改めて挨拶するようにします。やむを得ず追い越す場合は、同じ高さのところで「お先に失礼いたします」と一声かけましょう。	
廊下	上司やお客様には必ず立ち止まって自分から挨拶をしましょう。追い越す時には「お先に失礼いたします」と一声かけましょう。	
退社時	お先に失礼いたします	お疲れ様でした

これはNG！

　気持ちのこもっていない挨拶は、していないのと変わりません。相手の目を見て（アイコンタクト）、笑顔で挨拶をしましょう！

小さな声
聞き取れない挨拶では意味がありません。明るく大きな声ではっきりと！

そっぽを向く
視線を合わさない挨拶は粗雑な印象を与え、とても失礼です。

気づかない振り
本当に気づかなかった時でも、気づいた時点で必ず挨拶をしましょう。

会釈だけ
挨拶の言葉をかけられたら、必ず言葉で返事をしましょう。

お辞儀の種類

お辞儀	角度	シチュエーション
会釈	約15度	廊下ですれ違う時など
敬礼	約30度	お客様の送迎・一般的な挨拶
最敬礼	約45度	お詫びや感謝等深い思いの時

お辞儀は挨拶や感謝、謝罪など相手へ敬意を表す動作であり、ビジネスシーンでは欠かせないものです。最初に出会った時、まずは挨拶・お辞儀で相手へ敬意をしっかり表わすことが、相手との人間関係を築く大切な一歩になります。TPOに合わせた礼儀正しいお辞儀をしましょう。

【会釈】

【敬礼】

【最敬礼】

【美しいお辞儀のポイント】
① お辞儀に入る前に正しい姿勢で相手に視線を合わせる（アイコンタクト）
② 腰・背筋・首筋を一直線にして、スムーズに上体を倒す（腰を中心に）
③ それぞれの角度でピタッと留め、想いを念じながら上体をゆっくりあげる
　　注）上体を下ろす時よりも上げる時に時間をかけて丁寧に上げる
④ 上体を上げたら再度相手に視線を合わせる（アイコンタクト）

【分離礼と同時礼】
　分離礼　：正式なお辞儀であり、最も相手への敬意を深く表わすことができる
　　　　　　言葉を先に述べ、お辞儀を行う
　　　　　　注）言葉と動作をきちんと分ける

　同時礼　：分離礼よりは略式であるが、TPOに合わせてきちんとすれば失礼にはあたらない
　　　　　　言葉と動作が重なる
　　　　　　注）言葉の途中から動作に入る

② 表情

　第一印象において表情は好感度を左右する重要な要素です。明るく豊かな表情で誰とでも円滑なコミュニケーションを図れるようにしましょう。

【笑顔の効用】

- 笑顔は人の心を和ませる
- 笑顔は相手の心を開かせ、会話を弾ませる
- 笑顔が笑顔を呼び、雰囲気を変えることができる
- 笑顔は心の鏡として、相手に想いを伝えてくれる

【好感のもてる笑顔】
① 相手に対して親しみや感謝など好意的な気持ちを持つ
② 目尻が下がり、口角が上がり、表情筋を使って顔全体が自然な笑顔になる

	ポイント	NG
視線 （目の高さ）	相手に視線を合わせ（アイコンタクト）、両目の目尻と鎖骨（首）の中間点を結んだ"三角ゾーン"を優しく見つめる。	≪顎の位置≫ 上がる：見下ろす目線⇒横柄・相手を見くだす 下がる：のぞき見る目線⇒疑い・不安 ≪頭の位置≫ 傾く：横柄・疑念・幼いなど悪い印象を与える ≪視線≫ 凝視・頻繁に視線が動く・上目使い 横目・目をすぼめる
目線 （目の位置）	相手の目線に合わせる	相手が座っているのに立った状態で上から話す ※特に座っている人の近くに立つと威圧感がある
眉	感情の起伏が眉の動きに出ないようにする	眉間にしわがよる 話の途中で眉がピクリと上がる

③ 身だしなみ

　第一印象を決める要素「視覚」において、身だしなみは印象を大きく左右する要素です。ビジネスシーンでは、第一印象で好印象を与えることで信頼を得ることが重要です。着飾る「おしゃれ」とは違って、身だしなみは「身なりを整える」こと。TPOに合わせた相応しい服装を心掛けましょう。

身だしなみの基本

	身だしなみ	おしゃれ
ポイント	相手に対して不快な思いをさせないように整える	自分自身の個性を表現して着飾るもの
評価基準	他者評価	自己評価

【制服】　※制服には企業の想いと企業イメージがある
・正しく着こなし、名札を付ける
・制服のイメージに合った髪型や靴
・ポケットに大量に物をいれない（ボールペン、厚手のハンカチ）
・業務時間外、社外では着用しない（通勤など）

【クールビズ・ウォームビズ・カジュアルビズ】
● 会社のルールに合わせる
　・ワイシャツは、長袖か半袖か…など規定があれば守りましょう
　・取引先に対して失礼のないスタイルで、気崩しすぎない（クールビズ）
　・着込みすぎない（ウォームビズ）
　・襟なし、半ズボン、ミュール、ブーツ、露出の多い服装はNG（カジュアルビズ）

● 訪問時
　社外での打ち合わせや訪問、お客様応対時には、ネクタイを締めましょう。必要に応じて、ジャケット着用・持参しましょう。

【身だしなみチェック・男性】

項目	ポイント	チェック
髪	清潔でフケがありませんか	
	色はナチュラルで、寝ぐせがなく、髪の毛が長すぎませんか	
顔	ヒゲや鼻毛の手入れはしてありますか	
	めがねのレンズはきれいですか	
手	爪は短く手入れができていますか	
装飾	時計や装飾品は、派手すぎず相応しいですか	
	香水はきつくありませんか	
服装	ほつれ、汚れ、しわ、ボタンが取れていませんか	
	素材、デザイン、色は落ち着いたものを選択していますか	
靴	きれいに磨いてあり、仕事に相応しいですか	

【身だしなみチェック・女性】

項目	ポイント	チェック
髪	清潔でフケがありませんか	
	色はナチュラルで、寝ぐせがありませんか	
	お辞儀した時、髪が顔にかかりませんか	
顔・化粧	派手な化粧、化粧崩れ、ノーメイクではないですか	
手	爪は長すぎず、マニュキュアの色が派手すぎたり、ハゲていませんか	
装飾	時計や装飾品は、派手すぎず、仕事の邪魔にならず相応しいですか	
	香水はきつくありませんか	
服装	ほつれ、汚れ、しわ、ボタンが取れていませんか	
	素材、デザイン、色は落ち着いたものを選択していますか	
	露出度は高くありませんか	
	ストッキングは伝線していませんか	
靴	きれいに磨いてあり、仕事に相応しいですか	

【その他】

項目	ポイント	チェック
眉	程よい太さに整えていますか	
口臭	食後の歯磨きはしましたか　／　唇はカサついていませんか	
体臭	お風呂にはいってますか（夏は制汗剤）	
鞄	服装に相応な鞄ですか	
	ハンカチ、名刺入れ（名刺）、手鏡、筆記用具は入ってますか	

ビジネスパーソンの身だしなみ

身だしなみの3原則・・・清潔感、調和、機能性

医療機関スタッフの身だしなみ

患者さまに爽やかな印象を与え、テキパキと行動するための服装を確認しましょう。

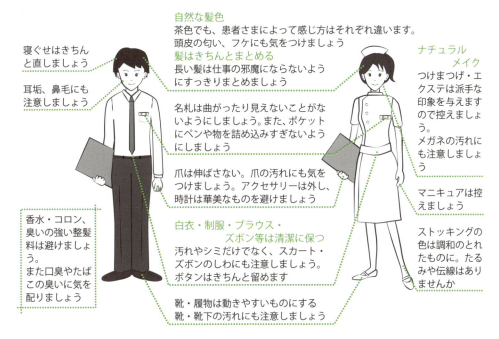

※身だしなみは、各医療機関での決まりを設けるところが多くなっています。それぞれの規定に従った身だしなみを心掛けましょう。

④ 態度（立居振舞）

　男女を問わず上品な印象（好印象）を与える共通点は、所作が美しいことが挙げられます。第一印象において、遠くからでも目に入るものが態度（立居振舞）です。ちょっとした意識をして仕草を変えるだけでも、周囲に与える印象が変わります。

立居振舞のポイント

1. 姿勢（立ち姿勢・座り姿勢）
   姿勢が凛として美しい人は、その人自身が芯の強いしっかりとしているような印象を与えられます。美しい立ち姿・座り姿は、周囲の人をすがすがしく心地よい気持ちにさせます。

2. 歩き方
   正しい姿勢で歩くことは、健康にも良く、気持ちも引き締まります。猫背だと自覚している人は、意識をすることで整えることができます。

3. 物の受け渡し
   単純に掴むより、指を揃えることを意識して持つほうが美しく見えます。いかなるときも美しく振る舞うのは大変ですが、自分を見たときに「お客様はどんな印象をもつだろう」という客観的な観点を持つことを常に心に留めましょう。

4. 指し示し
   指をきちんとそろえて伸ばします。手を肩の高さに上げて目的の方向を指し示しましょう。指一本、あるいはペンなど手に持っているもので指さないようにしましょう。

5. 視線
   会話中の視線のベストポジションは、両目の目尻と鎖骨（首）の中間点を結んだ"三角ゾーン"です。じっと凝視しないように注意しましょう。

6. 空間管理
   真後ろ：お客様の真後ろは、お客様からは何も見えない、非常に不安な「恐怖の空間」です。お客様の後ろを通る際は、必ず一声かけましょう。
   正面：非常に圧力がかかる「威圧的」「高圧的」位置です。しかし、謝罪の際は、必ず真正面から応対します。
   斜め45度：安心感を与える位置であり、リラックス出来る位置ですので、挨拶や会話などのコミュニケーションに最適です。

これはNG！

あくび：あからさまな大きなあくびは、不真面目でやる気のない印象を与えます。
ほおづえ：仕事に対して無関心に見られてしまいます。癖であれば、直しましょう。
あぐら：いすに足をのせる、足を組むのは好ましくありません。
喫煙：喫煙が許されていても、量は控えましょう。
私語：息抜き程度には良いですが、大声で長時間話すのはやめましょう。

検定問題にチャレンジ！　＜3級＞

(1) 挨拶について、適切でないものを1つ選びなさい。
　(A) 清掃員や配送の方とすれ違っても、社内の人間ではないので挨拶をする必要はない。
　(B) エレベーター内での挨拶は、状況にあわせて声量を調整し、混んでいる際は目礼だけでもかまわない。
　(C) 階段ですれ違う際の挨拶は、高い位置からの挨拶は失礼なので、相手と同じ目線の位置で挨拶をする。

(2) お辞儀の種類について、適切なものを1つ選びなさい。
　(A) 深い感謝や謝罪の気持ちを伝える際は、上体を約60度傾ける丁寧なお辞儀「最敬礼」をする。礼の始め、終わりには相手に視線を合わせる。
　(B) 廊下で人とすれ違う際は、上体を約15度傾ける軽いお辞儀「会釈」をする。視線は約2〜3m先に落とし、首だけを曲げないように注意する。
　(C) お客様の送迎や一般的な挨拶をする際は、上体を約45度傾ける普通のお辞儀「敬礼」をする。上体を倒す時はやや早く、上げる時はゆっくり丁寧に上げる。

(3) 表情について、適切なものを1つ選びなさい。
　(A) 表情は、第一印象の好感度を左右するので、明るく豊かな表情は誰とでも円滑なコミュニケーションを図ることができる効果がある。
　(B) ビジネスの場で表情から相手に良い印象を与えることができなくても、その後の会話の内容でスムーズな人間関係を築くことができるので、第一印象において表情は特別重要な要素ではない。
　(C) 好感の持てる表情は、目尻が下がり口角が上がった自然な笑顔で、感謝や親しみを伝えることができる。視線は、相手の目を凝視して、しっかりアイコンタクトをとることが大切である。

(4) ビジネスシーンの身だしなみについて制服がない場合の服装として、適切でないものを1つ選びなさい。
　(A) 仕事をする際に求められるイメージや印象を考えながら、仕事の妨げにならない動きやすく機能的な服装を心掛ける。
　(B) 自分の好きなもの、似合うもの、流行している服装を取り入れ、自分の好みを大切にするよう心掛ける。
　(C) 業種や職場の雰囲気にふさわしく、職場の仲間と調和がとれたバランスの良い服装を心掛ける。

(5) ビジネスで使う小物や道具について、適切でないものを1つ選びなさい。
- (A) ビジネスバックは機能性を重視し、底が広めで、そのまま床に置いても倒れないものを選ぶと良い。
- (B) 名刺入れがなければ、名刺を定期券入れや財布に収納し、保管してもかまわない。
- (C) 携帯電話をプライベートと兼用する場合は、ストラップやデコレーションはシンプルなものを選ぶ。

(6) 立ち姿勢について、適切でないものを1つ選びなさい。
- (A) 背筋を伸ばして胸を張り、あごを少し前に出して目線は相手に合わせ、しっかりアイコンタクトをとる。
- (B) 頭のてっぺんから糸でつられている感じを意識して、横から見たときに頭からかかとまで一直線の姿勢になると良い。
- (C) 手は前で軽く組み指先はまっすぐ伸ばす。両足のかかとはつけて、足の親指の内側に重心をのせて立つ。

(7) お客様に応対する際の空間管理について、適切でないものを1つ選びなさい。
- (A) お客様と接する際の立ち位置は、お客様に安心感を与えるために正面に立つと印象が良い。
- (B) お客様と違和感なくコミュニケーションが取れ、表情が読み取れる距離として75cm～120cmの位置を保つと良い。
- (C) 立ち位置が真横の場合、友情や愛情を感じる位置となるので、お客様と接する際には避けた方が良い。

<解答・解説>

(1) (A) 社内の人間でなくても、清掃や配送の方にも積極的に挨拶をすることが大切です。

(2) (B) 「P9：お辞儀の種類」参照

(3) (A) 表情は、第一印象において大きな要素です。会話の内容や声の雰囲気よりも、視覚からの情報は、第一印象の好感度を大きく左右するので重要です。また視線は、両目の目尻と鎖骨（首）の中間点を結んだ"三角ゾーン"の中で穏やかに見つめましょう。凝視してずっと見つめ続けられるのは、相手に息苦しい印象を与えます。

(4) (B) ビジネスの場では、毎日様々な人に接します。その際に、身だしなみから与えるあなたの印象はあなた自身のイメージの良し悪しだけでなく、会社のイメージを代表することも忘れてはいけません。自分好みの「おしゃれ」は、ビジネスシーンに適切ではありません。

(5) (B) 名刺入れは、できれば革製のきちんとしたものを準備しましょう。社会人として、名刺入れは、必要なビジネスツールの1つですので、かならず準備します。自分の名刺やいただいた名刺を定期入れや財布から出し入れすることは、大変失礼です。

(6) (A) あごは前に出さず、顔の位置と目線は真っ直ぐ正面を見ましょう。

(7) (A) お客様の正面に立ってしまうと「威圧的」「高圧的」な印象を与えてしまいます。お客様に安心感を与えるには、斜め45度の立ち位置を意識すると良いです。また、真横は友情や愛情を感じる位置となり、接客時は避けた方が良いでしょう。

基本のマナー

ビジネス会話のマナー

<第2章> ビジネス会話のマナー

ビジネス会話

話し方、聞き方ひとつで会話の雰囲気は変わります。相手と自分の立場をわきまえて、効率的に物事を進めるためにも基本の会話術を身につけましょう。大切なのは、相手に対し、思いやりの気持ちを持って接することです。

◆ 正しい敬語の使い方 ◆

『敬語』とは？

下表のように敬語は、2007年に文化審議会が文部科学大臣に申答した『敬語の指針』の中で5種類に細分化されました。敬語は、相手の立場や年齢の違いを埋めて、円滑にコミュニケーションを図るための重要な言葉で、相手や場面に配慮した敬意表現です。ビジネスシーンにおいて、自分と相手、話題の人物の立場を考え、誰に対して敬意を払う言葉を遣うべきか適切に判断しましょう。

敬語の種類

5分類		3分類
尊敬語	「いらっしゃる・おっしゃる」型 相手側又は第三者側の行為・ものごと・状態について、その人物を立てて述べるもの	尊敬語
謙譲語Ⅰ	「伺う・申し上げる」型 自分側から相手側又は第三者に向かう行為・物事などについて、その向かう先の人物を立てて述べるもの	謙譲語
謙譲語Ⅱ	「参る・申す」型 自分側の行為・物事などを話や文章の相手に対して丁重に述べるもの	
丁寧語	「です・ます」型 話や文章の相手に対して述べるもの	丁寧語
美化語	「お酒・お料理」 ものごとを美化して述べるもの	

♛ ランクアップマナー

美化語の「お」「ご」は、どんな名詞にもつけてもいいというわけではありません。
コーヒー、ビールなどの外来語、公共物、動物、植物などには基本的につけません。

<尊敬語>

対象　：　お客様、取引先、会社の上司、先輩など	
動詞　＋　れる・られる	お客様が帰られる
動詞　＋　くださる	お客様が連絡してくださる
「お」「ご」　＋　動詞　＋　になる	お客様がお使いになる
「お」「ご」　＋　動詞　＋　くださる	お客様がお話ししてくださる

♛ ランクアップマナー

<二重敬語はNG！>
相手への敬意を意識しすぎると二重敬語を使いがちです。しかし、二重敬語は過剰表現であり、間違った言葉遣いですので、適切ではありません。
（例）ご覧になられる　⇒　尊敬語「ご覧になる」＋「れる・られる」
　　　お話になられる　⇒　尊敬語「お話になる」＋「れる・られる」

<謙譲語>

対象　：　自分、自分の家族、他社に自社のことを話す際など	
動詞　＋　（させて）いただく	便乗させていただく
動詞　＋　差し上げる	教えて差し上げる
「お」「ご」　＋　動詞　＋　いたす	お手伝いいたします
「お」「ご」　＋　動詞　＋　いただく	お待ちいただけますか？
「お」「ご」　＋　動詞　＋　申し上げる	お見送り申し上げます

♛ ランクアップマナー

<対象：同じ会社の人間>
シチュエーションによって尊敬語・謙譲語を使い分ける必要があります。
・部長との会話
　「佐々木部長は、何時にいらっしゃいますか？」
・社外の人との会話
　「部長の山田は、14時に参ります。」
＊ 通常、敬語を使うべき自社の上司や先輩についても社外の人と話す際は謙譲語を使い、敬称もつけません。

よく使う敬語一覧

	尊敬語	謙譲語
する	なさる・される	いたす・(させて)いただく
いる	いらっしゃる	おる
言う	おっしゃる	申す・申し上げる
見る	ご覧になる	拝見する
行く	いらっしゃる・おいでになる	伺う・参る
来る	いらっしゃる・お越しになる	伺う・参る
会う	お会いになる・会われる	お会いする・お目にかかる
帰る	帰られる・お帰りになる	失礼する・おいとまする
食べる	召し上がる	頂戴する・頂く
読む	お読みになる	拝読する
知る	ご存知	存じ上げる・存じる
聞く	お聞きになる・聞かれる	伺う・賜る・拝聴する・お聞きする
分かる	お分かりになる	承知する・かしこまる
もらう	お納めになる・お受け取りになる	頂く・頂戴する・賜る・拝受する
与える	お与えになる・与えられる	差し上げる
持つ	お持ちになる	持参する

あらたまった表現

相手側		自分側
○○様・そちら様	本人	私(わたくし)・こちら・当方
どちら様・あちらの方	あの人	あの者
御社・貴社	会社	弊社・当社・わたくしども
○○社長・部長の○○様	役職	社長の○○・わたくしどもの部長
お連れ様・ご同行の方	同行者	連れの者・同行の者
ご来社・お立ち寄り・お越し	訪問	参上・ご訪問
ご意見・ご意向	意見	私見・考え
ご配慮・ご尽力	配慮	配慮・留意
お品物・ご厚志	贈答品	粗品・寸志(目下の者に対して)
ご笑納・お納め	授受	拝受

◆ ビジネス会話の基本 ◆

ビジネスシーンでは商談及び打ち合わせなど様々な会話の場面があります。限られた時間の中で効果的な会話にするためのポイントを理解しましょう。

① 5W3Hで相手に伝える

ビジネス会話は、言いたいことを漏らさずに伝えるのが最大のポイントです。「5W3H」で相手に話す前に頭の中を整理しましょう。

What	主題：仕事、用件の内容や出来事
When	物事の時期、実施期間、時間
Where	実施場所、出来事の場所、集合場所
Why	どうしてそうなったのか、理由・原因
Who	対象の人（担当者、企画者、出席者など）
How to	用件、出来事の方法、解決策など
How much	コストや予算、利益などお金に関すること
How many	量、どのくらい

※5W3Hは、電話応対や仕事の進め方のポイントでもあります。

会話のテクニック

- 結論、主題から
  ⇒ 話したいことや伝えたい事があるときには、結論から話す。
- 数字や時間は正確に伝える
  ⇒ まとまった内容を話す時に最初に数字や時間を提示し、正確に伝えます。
- １センテンスを短く
  ⇒ １センテンスが長い（読点でつなぐ）と話している本人も分からなくなり、聞く側も分かりづらい。
- 曖昧な表現を避ける
  ⇒ 「だいたい」「たぶん」「〜かもしれない」「もしかしたら」など

 ランクアップマナー

相手の反応を見て会話を進める
表情や態度に注意しながら話します。相手が不安そうな顔をしていたり首をかしげていたりしたら、一度話すのをやめ、相手の理解度を確認してみましょう。

立場をわきまえる
相手の立場から見た意見や考えを話の中に織り交ぜると、聞き手は「自分の考えや立場をくんでくれている」と感じるはずです。

② クッション言葉
　依頼、拒否、命令をするときに役に立つのが下表に記したクッション言葉です。クッション言葉は文章全体の雰囲気を柔らかくする効果があります。直接的な表現を避けることで、相手に柔らかい印象を与え、相手への配慮や気遣いを示すことができます。

クッション言葉

	クッション言葉		クッション言葉
依頼する	お手数おかけいたしますが〜 恐れ入りますが〜 申し訳ございませんが〜 ご面倒をおかけいたしますが〜 差し支えなければ〜 よろしければ〜 ご都合の良い時で結構ですので〜	拒否 断る	残念ながら〜 お気持ちはありがたいのですが〜 申し訳ございませんが〜 せっかくですが〜 あいにく〜 大変恐縮でございますが〜 申し上げにくいのですが〜
反論する	お言葉を返すようですが〜 失礼とは存じますが〜 大変恐縮でございますが〜	その他	何度も申し訳ございませんが〜 ご足労おかけいたしますが〜 こちらの都合ばかり申しますが〜 お恥ずかしいのですが〜

③ 好感を与える表現
　好感を与える表現として、クッション言葉の他に「依頼的表現」・「肯定的表現」があります。いずれも表現を柔らかくするために使う言葉です。「尋ねるとき」、「依頼するとき」、「断るとき」等、使い分けをして、積極的に活用しましょう。あなたの誠意と真心を添えてお話すると、より良い人間関係を構築することができます。

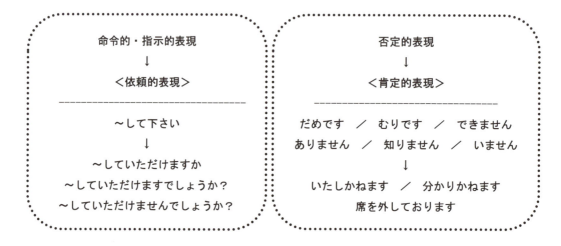

♛ ランクアップマナー

言ってしまいがちな 言葉遣い

× お世話様です
　一見丁寧ですが、「お世話様」とは何かをしてもらった際に労いの言葉として使われます。通常、目下の人へ使うため、目上の人に使うと失礼です。

× ご苦労様です
　目上の人に使うのはＮＧです。「ご苦労様」とは、目上の人から目下の人へ使うため、目上の人に使うと失礼です。

× とんでもございません
　「とんでもない」で一つの言葉です。「ない」の部分だけを「ございません」に変えることはできないのです。正しくは「とんでもないことでございます」です。
　また、「とんでもない」の語源は「途(と)でもない」が変化した言葉です。「道理からはずれている」「思ってもみない」といった意味を表します。会話相手からの賛辞の言葉に対して、「とんでもないことでございます」を使用するのは、適切ではありません。
　言葉遣いだけでなく、使い方にも注意が必要です。

マニュアル化された「ファミレス・コンビニ敬語（ファミ・コン敬語）」

　　＜例＞　　１万円ちょうどお預かりいたします。
　　　　　　　⇒　会計をちょうど支払っているのに「預かる」？
　　　　　　　　◎　１万円ちょうどいただきます。

　　　　　　ご注文は以上でよろしかったでしょうか？
　　　　　　　⇒　現在なのに過去形？
　　　　　　　　◎　ご注文は以上でよろしいでしょうか？

　　　　　※　よく耳にする表現ですが、間違いです。正しい敬語を使いましょう！

④ ビジネス用語

時代と共に新しい言葉が生まれます。常に新しい情報をインプットしましょう。

ビジネス用語	
アウトソーシング	自社内で行っていた仕事を外部業者に一括して委託するような経営手法
アサイン	人に仕事の担当を割り当てること　任務を与えること
アポ	アポイントメントの略。　面会の予約・約束
ＣＳ	customer satisfaction 顧客満足。自社の商品やサービス、接客の態度など企業イメージのすべてを顧客の立場で考え経営戦略を立てること
ＣＤ	customer delight 顧客感動。お客様の期待やニーズに対して、期待以上の品質やサービスを提供することで、予想外の感動や歓びを感じること
ＥＳ	employee satisfaction 従業員満足。従業員が仕事や職場環境に満足し、仕事に対してやりがいと誇りを持って取り組める風土があると、サービス向上に取り組む意欲が持て業績が上がるという考え方
ホスピタリティ	心のこもったおもてなし。歓待・厚遇。
ＯＪＴ	on the job training の略。職場内で、実務を通じて行われる教育訓練
コーチング	指導を行う場面で、対象者の自発性を促進するためのコミュニケーションスキルの一つ。相手と同じ土俵に立ち、効果的な質問を投げ掛けることで、相手の本来の能力や意欲を引きだしていくことを目指す
ＣＳＲ	corporate social responsibility 企業の社会的責任
コンプライアンス	法令遵守。法律にとどまらず、社内規範・社外規範等の尊守、社会貢献など、広義で促えられる。
Ｂ to Ｂ	企業間取引　Ｂ:business
Ｂ to Ｃ	企業と消費者との取引　Ｃ:customer, consumer
コミッション	委託業務に対する手数料、斡旋料
コミット	目標の達成や約束に責任を持つこと。誓約すること。
インセンティブ	目標達成を促す刺激策。企業が、従業員や販売店あるいは消費者に対して提供する報奨金や景品など
インバウンド	外国人の訪日旅行や訪日旅行客
ダイバーシティ	多様性。人種・性別・年齢などにこだわらず、多様な人材を活用すること
モニタリング	システム・業務を含めビジネス全般のオペレーションが遅滞なく実行されているかどうかを監視すること、またはその仕組み。
フィードバック	結果について伝達するだけでなく、結果を導くための計画立案や実践行動の反省点についての情報を伝達すること
プロモーション	販売促進、広告、販売施策などの広報活動
ペンディング	進めていた仕事がいったん凍結されること
SDGs	Sustainable Development Goals 持続可能な開発目標

検定問題にチャレンジ！　＜3級＞

次の状況における言葉遣いについて、最も適切なものを1つ選びなさい。

(1) 空港でのチェックイン時、お客様に座席の希望を尋ねる。
　(A) お客様、お座席は窓側と通路側、どちらにいたしますか？
　(B) お客様、お座席は窓側と通路側、どちらになさいますか？
　(C) お客様、お座席は窓側と通路側、どちらになさられますか？

(2) 取引先との会話。
　(A) 次回の打合せは、私が弊社へ参ります。
　(B) 次回の打合せは、私が御社へ伺います。
　(C) 次回の打合せは、私が貴社へ行きます。

＜解答・解説＞
(1) (B)　(A)「いたす」は「する」の謙譲語ですので、お客様に対して使うのは、適切ではありません。
　　　　(C)「なさられる」は、「する」の尊敬語「なさる」＋「れる・られる」の二重敬語です。
(2) (B)　自分の会社のことを言う時は「弊社」「当社」と言います。相手の会社のことは、「御社」
　　　　「貴社」と言います。(C)「行く」の謙譲語は「伺う」「参る」です。

検定問題にチャレンジ！　＜2級＞

次の状況における言葉遣いについて、最も適切なものを1つ選びなさい。

(1) 取引先に電話をした際の言葉遣い
　(A) 私、△△商事の伊藤と申しますが、田中部長様おられますか？
　(B) 私、△△商事の伊藤と申しますが、田中部長様はいらっしゃいますか？
　(C) 私、△△商事の伊藤と申しますが、部長の田中様はいらっしゃいますか？
　(D) 私、△△商事の伊藤と申しますが、部長の田中様はおられますか？

(2) お客様にお茶菓子を出す際の言葉遣い
　(A) どうぞ、ケーキをいただいてください。
　(B) どうぞ、ケーキを召し上がりになられてください。
　(C) どうぞ、ケーキを頂戴してください。
　(D) どうぞ、ケーキを召し上がってください。

<解答・解説>
(1) (C) 役職名そのものが敬称ですので、役職名に「様」をつけるのは二重敬語です。(A)(D)地域によっては、「おられますか」という表現を使用していますが、「いる」の謙譲語「おる」＋「れる・られる」の過剰表現ですので、適切ではありません。
(2) (D) (A)(C)「いただく」「頂戴する」は、「食べる（飲む）」の謙譲語です。お客様に対して使うのは、適切ではありません。(B)「召し上がりになられて」は「食べる」の尊敬語「召し上がる」＋「れる・られる」の二重敬語です。

 検定問題にチャレンジ！　＜準1級・1級＞

次の状況における言葉遣いについて、最も適切なものを1つ選びなさい。

(1) 田中部長に鈴木会長が呼んでいると伝える際の言葉遣い
　(A) 田中部長、鈴木会長が3階の会議室にお越しいただきたいと申しています。
　(B) 田中部長、鈴木会長が3階の会議室にお越しいただきたいとおっしゃっています。
　(C) 田中部長、鈴木会長が3階の会議室にお越しいただきたいと申していらっしゃいます。
　(D) 田中部長、鈴木会長が3階の会議室にお越しいただきたいとおっしゃられています。

(2) 恩師の執筆した本をもらい礼状を送る際の言葉遣い
　(A) このたびは貴著をご笑納くださいまして、誠にありがとうございます。
　(B) このたびは小著をご恵贈くださいまして、誠にありがとうございました。
　(C) このたびは貴著のご恵投にあずかり、誠にありがとうございます。
　(D) このたびは小著をご恵与たまわりまして、誠にありがとうございました。

＜解答・解説＞

(1) (B) 会話の相手と第三者が上位者の場合は、それぞれへ敬意を込めた言葉遣いをします。
 (A)(C) 「申す」は「言う」の謙譲語ですので、会長に対して使うのは、適切ではありません。
 (D) 「言う」の尊敬語「おっしゃる」＋「れる・られる」の二重敬語です。

(2) (C) 「著書」の尊敬語は「貴著」、謙譲語は「小著」「拙著」です。(A) 「ご笑納」は「つまらないものですが、笑ってお受け取りください」という意味があり、主にお中元やお歳暮を贈る際に使われます。(B)(C)(D) 「ご恵贈」「ご恵投」「ご恵与」は「与える・やる」の尊敬語で、話し言葉よりは書き言葉として使われます。

3 コミュニケーションツールの活用

<第3章> コミュニケーションツールの活用

コミュニケーションツール

コミュニケーションツールは、その特徴を理解した上で利用しないと、トラブルの原因となる可能性があります。電話、電子メール、FAX、手紙、携帯電話…ビジネスコミュニケーションツールは、通信技術の進歩と共に増える一方です。最近ではFacebookやLINEなどのソーシャルメディアもビジネスの場で使われています。自分が使いたいツールを一方的に選択するのではなく、それぞれのツールの特徴や長所・短所を見極めて、受け手の立場や状況を考えてツール選択を行う必要があります。

◆ 電話応対の基本マナー ◆

電話応対マナー

電話は、コミュニケーションツールとして最も一般的で便利な反面、危険性をも持ち合わせています。それは、目で確認できない声のみ（言葉と耳）でやり取りするコミュニケーションだからです。そのため、電話応対には十分な気遣いと配慮が必要です。

電話応対の基本

		ポイント
電話応対の基本	コールが鳴ったら、すぐに出る	コールが鳴ったら、3コール以内にでましょう
	正しい姿勢で電話に出る	目の前に相手がいると意識して応対する
	笑顔で笑声（えごえ）で応対する	第一声を明るくさわやかに 笑声を心掛け、第一印象で好印象を心掛ける
	挨拶と名乗り	会社の代表として、必ず挨拶＋名乗りを忘れずに
	わかりやすい話し方・言葉遣い	簡潔明瞭で分かりやすく、正しい言葉遣いで応対する
	感情を込めた豊かな表現	好感を与える表現、クッション言葉を効果的に使う
	メモをとり、復唱する	聞き漏れや情報の行き違いを防ぐためにも必ず復唱する
準備	筆記用具	あらかじめ、メモとペンは机上に準備しておく
	資料	組織一覧表・座席表・業務担当表など、応対時によく使う資料は、すぐに取り出せるところに準備しておく
	電話のシステム	スムーズに応対できるように、電話機の仕組み（内線・外線・保留・転送）を把握する
電話応対の特性	相手の姿が見えない	どんな顔をして電話に出ていますか？ 人の表情は声に表れるもの。常に笑顔で受話器を取る。
	一方的である	相手の都合を考えていますか？ 電話の相手が、必ず手が空いているとは限りません
	コストがかかる	何分、話をするのですか？ 「いかに効率よく用件を済ませられるか」がポイント

① 電話をかける

　自分の都合だけでなく、相手の都合や状況を思いやる気持ちが大切です。心地よい声で、普段以上に丁寧な応対を心掛けましょう。

かける前に…
- 筋道を立てておく　　スムーズに用件を伝えられるように、項目を整理する
- メモを用意する　　　聞いたことを忘れないよう、話しながらメモを取る
- タイミング　　　　　先方の業種によって、かける時間を考慮する
- 静かな場所へ　　　　騒がしいと相手の声が聞き取りにくく、悪い印象を与える

（お電話ありがとうございます）
株式会社〇〇でございます。

私、ＡＢＣ商事の佐藤と申します。
いつもお世話になっております。
田中様はいらっしゃいますか？

point! 自分の会社名と名前をはっきり告げる

佐藤様でいらっしゃいますね。
こちらこそ、いつもお世話になっております。
田中に代わりますので、少々お待ちいただけますか？

【 保留 】

point! 取り次ぐ際は、必ず保留ボタンを押し、相手の会社名、部署、役職、名前などを正確に伝える

佐藤様、（大変）お待たせいたしました。
田中でございます。

ＡＢＣ商事の佐藤と申します。
いつもお世話になっております。

こちらこそ、いつもお世話になっております。

point! 相手も仕事中です。電話で話しても良いか相手の都合を尋ね、何についての電話なのかを伝える

お忙しいところ恐れ入りますが、△△の件でお電話いたしましたが、今お時間よろしいでしょうか？

＜用件を伝える＞

それでは、よろしくお願いいたします。
お忙しいところ、ありがとうございました。
失礼いたします。

point! 原則、電話をかけた方が先に切りますが、相手がお客様や上司であれば相手が切ってから受話器をおくことが望ましい。プラスの印象で切電するように心掛け、業務時間を割いて電話に応対してくれたことに対して、お礼を伝える。

コミュニケーションツールの活用

ランクアップマナー　　～　こんな時、どうする？！　～

◆ 保留のまま切れた
　「先ほど、お電話したＡＢＣ商事の佐藤と申します。」
　突然電話が切れてしまったら、こちらからかけ直します。相手を責める言葉はＮＧです。

◆ 相手が忙しそう
　「おかけ直しいたしますので、ご都合の良い時間帯を教えていただけませんか？」
　話すスピードやトーンで相手の様子を把握しましょう。相手の都合を尋ねてかけ直します。

◆ 留守番電話につながった
　「田中様にお電話いたしております。私、ＡＢＣ商事の佐藤と申します。
　　　　商品の見積もりの件で、お電話いたしました。また改めてお電話いたします。」
　確認の言葉、自分の会社名、名前、用件を入れ、改めてかけ直す旨をメッセージに残します。

◆ 担当者がわからない
　「恐れ入りますが、商品納入時期についてお伺いしたいのですが、
　　　　　　　　　ご担当の部署（ご担当者）にお取り次ぎ願いますか？」
　知りたい内容を電話口の相手に伝え、担当者を教えてもらいます。

◆ 言い間違いに気がついた
　「たびたび申し訳ございません。先ほどお伝えいたしましたお見積金額の件ですが、
　　　　　　　訂正したい箇所がございますので、再度お電話いたしました。」
　気がついた時点で、すぐに電話をかけて謝罪をします。なぜ、また電話をかけているかの説明を加えます。

◆ 名指し人が不在の場合
　基本的には戻り時間を確認し、かけ直すのが基本です。しかし、用件の緊急度に応じて臨機応変に応対します。
　「お戻りは、何時ごろを予定されていますか？」
　　　　↓
　「それでは、またその時間にかけ直しいたします。」
　「＊＊の件ですが、他にお分かりになる方はいらっしゃいますか？」
　「急ぎでお伝えしたい旨がございますので、ご連絡をとることは可能ですか？」

② 電話を受ける

　電話の受け方ひとつで、会社の印象が大きく左右されます。笑声を心掛け、第一印象で好印象を与えられるような応対を心掛けましょう。

> お電話ありがとうございます。ＡＢＣ商事 佐藤でございます。　※1

> 私、株式会社〇〇の中村と申します。いつも大変お世話になっております。

> 株式会社〇〇の中村様でいらっしゃいますね。こちらこそ、お世話になっております。

> 恐れ入りますが、田中様はいらっしゃいますでしょうか？

在　席

> 田中でございますね。おつなぎいたします。少々、お待ちいただけますか？　※2

【 保留 】

不　在

> 大変申し訳ございません。あいにく田中は外出いたしております。14時には戻る予定でございますが、よろしければ戻り次第、折り返しご連絡いたしましょうか？　※3

> では、お願いします。

> かしこまりました。恐れ入りますが、念のため、お電話番号をお伺いしてもよろしいですか？

> 03-1234-5678 でございます。

> 復唱いたします。03-1234-5678、株式会社〇〇の中村様でいらっしゃいますね。田中が戻りましたら、申し伝えます。私、佐藤が承りました。　※4

> よろしくお願いいたします。

> お電話、ありがとうございました。失礼いたします。

コミュニケーションツールの活用

point!

- ※1：コールは3回以内に取る。4回以上鳴って電話に出る場合は「お待たせいたしました」と一言添えましょう。
- ※2：名指し人の名前を復唱してから、保留にする。
- ※3：戻り時間が分かっていれば、伝える。できるだけこちらからかけ直すことを提案する。
- ※4：必ず復唱し、聞き間違いや聞き漏れがないか確認する。最後に必ず名乗りましょう。

③ 保留

電話では、視覚が失われます。そのため、理由の分からない保留は相手に不安を与えます。

> ＜保留の手順＞
> ① 保留理由を伝える　　「～について、お調べいたしますので…」
> ② お客様の了承をいただく「少々、お待ちいただいてもよろしいでしょうか」
> ③ 保留解除後のお詫び　「お客様（〇〇様）、（大変）お待たせいたしました」

④ 伝言メモ（メモを残す）

電話を受けて担当者が不在なら、伝え忘れを防ぐためにメモを残しておきます。いつ、誰から、何の用件の電話があったか(5W3H)を簡潔に伝えることがポイントです。

メモを残す際の3か条

① 内容は正確に
　　相手の企業名や日時は復唱し正確にメモに残し、文章は簡潔に！
② 丁寧に
　　読みやすく丁寧な文字で！（数字の「0」や「6」の書き分けにも注意）
③ 受電した日時、受電者を記す！
　　電話を受けた日時と署名をする（責任の所在を明らかにする）

```
            伝言メモ
    _____様
                    _____様より
         月　日（　）　：　頃
    電話がありました
    □ 電話があったことをお伝えください。
    □ 折り返しお電話いただきたい。
    □ 改めてお電話します。
    □ 伝言をお願いします。
    - - - - - - - - - - - - - - -
    - - - - - - - - - - - - - - -
    - - - - - - - - - - - - - - -
                        _____受
```

電話応対　例文

	例　文	＋αの一言 （提案・お伺いの言葉）
離席中	申し訳ございません。あいにく〇〇は、ただいま席を外しております。	戻り次第、こちらからお電話差し上げますが、いかがいたしましょうか？ よろしければ、ご伝言を承りますが、いかがいたしましょうか？
会議中・来客中	申し訳ございません。あいにく〇〇は、ただいま会議中でございます。	△時には終わる予定でございますが、いかがいたしましょうか？ △時には終わる予定でございますが、終わり次第こちらからお電話いたしましょうか？
電話中	申し訳ございません。〇〇は、ただいま他の電話に出ております。	終わり次第、折り返しお電話差し上げるようにお伝えしましょうか？ よろしければ、ご伝言を承りますが、お急ぎでございますか？
外出中	申し訳ございません。〇〇は、あいにく外出いたしております。	△時には戻る予定でございますが、いかがいたしましょうか？ 本日は社に戻らない予定でございます。 明日は、△時より出勤いたしておりますが、お急ぎでございますか？
出張中	申し訳ございません。〇〇は、あいにく出張に出ております。	戻りは△日（月）の予定でございますが、お急ぎのご用件でしたらこちらから連絡をとりますが、いかがいたしましょうか？
休暇中	申し訳ございません。〇〇は、本日休みを取っております。	明日出社する予定でございますが、よろしければ、ご伝言を承ります。 そちらの件でございましたら、他にも担当者がおりますが、いかがいたしましょうか？

コミュニケーションツールの活用

◆ 携帯電話のマナー ◆

　携帯電話は、今やビジネスにおいて必須アイテムであり、いつでもどこで連絡の取れる便利なツールです。公私の区別をつけて、公共マナーや相手に対する気配りが求められます。

① 携帯電話からかける
　外出先からの電話はいつも以上に気配りが必要です。

【かける場所に注意する】
駅のホームや騒がしい街中で電話をかけると、お互いに声が聞き取りにくく会話がスムーズにできません。
電波の良好な、静かでメモが取れる場所を選んでかけるようにしましょう。

メリット	・時間を有効に使える ・その場ですぐにかけられる
デメリット	・雑音が入る ・守秘性に欠ける

これはNG！
・駅のホームからかける
　　電車の音や構内放送など、ホームは騒音が絶えません。
・待ち合わせの待ち時間にかける
　　電話中に待ち合わせの相手がくると気まずい状況に。

② 携帯電話にかける
　携帯電話にかけた際は、相手への気遣いが大切です。用件を伝える前に相手が話せる環境にいるかどうかなど、相手の状況を聞きましょう。

① 相手の状況を確認する
　　移動中や運転中の可能性もあるため、用件を伝える前に相手の都合を伺う。
② 重要な話題は避ける
　　機密事項など他人に聞かれて困るような内容は、会って直接話す。
③ 急用のときのみかける
　　携帯電話は緊急連絡の手段。重要な用件でもないのにかけるのは迷惑です。

◆ FAXのマナー ◆

　離れている相手にすぐに書類を送ることができる便利なツールです。最近はメールで済ませることも多くなりましたが FAX を使用する際は送信票を添えるなどして確実に相手の手元に届くよう工夫が必要です。

【FAXを有効に使う】
小さい図面や細かい文字の原稿は、見えなくなってしまう可能性があるので 拡大コピーをして送る気配りが大切。
大量に送ると相手先の FAX がふさがってしまうので、10枚以上送る際は相手に確認し場合によっては郵送などに切り替えましょう。

メリット	・郵送よりも迅速 ・図面や地図のやりとりに便利
デメリット	・プライバシーは守れない ・大量に送れない ・やや不鮮明である

コミュニケーションツールの活用

◆ SNSのマナー ◆

　SNSの活用は、企業や商品のブランディングに繋がります。

投稿・送信の注意
- 個人情報が特定される内容や機密情報が漏れないか必ず確認する
- 写真、動画（人、物、場所）は、公開しても問題ないかを確認する
- 誹謗中傷や人を傷つける内容ではないか、細心の注意を払う
- 早朝、深夜のメッセージ送信はしない
- 相手の許可なく、友達申請やタグ付けはしない

◆ オンラインのマナー ◆

　オンラインは、場所や時間の調整がしやすく、今やビジネスには欠かせないツールです。

オンライン会議の注意
- ネット回線が安定した通信環境で参加する
  　できればLANケーブルを使用したほうが良い
- 時間通りに始められるように、3～5分前には入室しておく
- 発言者以外はマイクをミュートにする
- 基本、ビデオ機能は ON にし、頷きやリアクションを入れる
- タイムラグを考慮し、リアル会議よりも「間」を長めにとる
- 逆光や背景に気を配る

◆ 電子メール(E-mail)のマナー ◆

　文書だけでなく、画像や音楽(音声)までもやり取りできる電子メール。便利ではありますが単純なミスを犯しやすく、知らず知らずのうちに人に迷惑をかけたり相手を不快にさせる行為につながることもあります。お互いに気持ちよくコミュニケーションができるような配慮が必要です。

【メールを有効に使う】
　メールは、ネットワークの性質上、急ぎの用事を相手に伝えられることを保証しているツールではありません。むしろ、ユーザーの好きな時間に読んだり書いたりできるというのがメールの特徴です。緊急の連絡や重要な用件の場合には、電話など確実に相手と連絡がとれる手段を選びましょう。

メリット	・手軽である ・カラー映像、音楽、資料などがすぐに送れる ・世界中に送ることができる
デメリット	・感情が伝わりにくい ・セキュリティーが不安 ・宛先(アドレス)を間違いやすい

件名を入力する

一目で用件が分かる件名に
メールを1日に何件も受信する人もいますので、タイトルを見ただけで用件がイメージできるような件名にするのが親切です。(例)「お知らせ」⇒「打ち合わせ日程変更のお知らせ」

CCとBCCの使い分け
CCは、送信した人全員のアドレスが表示されます。BCCは非表示なので、複数名に送る場合は注意して、状況に応じて使い分けましょう。

本文を書く時の注意点

「Re」は臨機応変につける
返信すると「Re:」が件名につきます。同件のメールであればそのまま、話題が変わったら新たな件名をつけて送ります。

返信の注意点
受信メール全文を引用していて「わかりました」や「承知しました」と一文だけ送信するだけでは、手抜きのように感じられ、相手に不快感を与えます。簡単な挨拶に加え、「〇〇の件、承知いたしました」のように必要最低限のマナーは必須です。

必ず一度読み返す
真意がきちんと伝わる文章か確認しましょう。タイピングミスや添付し忘れ、容量が大きすぎないかなどをチェックしてから送信します。

送　信

【 メール文書の例 】

送信者：株式会社サービスマナー　坂田 理恵
宛先：株式会社●●●●　池田 礼子 様
件名：10月5日の打ち合わせの件

株式会社●●●●
　池田　礼子　様

お世話になっております。

株式会社サービスマナーの坂田と申します。
先日お約束いたしました打ち合わせの時間と場所を
お知らせいたします。

日時：10月5日（水）　13：00～
場所：○○文化センター　3階　会議室
　　　（六本木駅×出口直結）URL：http://bunkaXXXX.co.jp

打ち合わせの資料は、お持ちいたします。
その他、ご不明な点がございましたらご連絡ください。

ご多忙のところ、ご足労おかけいたしますが
何卒よろしくお願いいたします。

****
株式会社サービスマナー
営業部　坂田　理恵
〒xxx-xxxx
東京都中央区○丁目○番○号
TEL：03-XXXX-XXXX
E-mail：sakata@/////.co.jp
****

point!

＜件名＞
内容がすぐに把握できる件名を。
件名がないと迷惑メールと思われる可能性がある。

＜差出人＞
自分の名前と会社名が表示されるように設定する。

＜宛先＞
こちらで登録した通りに宛先欄に表示され、相手にも分かるので、アドレスを登録する時は名前に「様」をつけて登録する。

＜送信日時＞
パソコンの設定日時に合わせて表示されるので、パソコンの時計と日付は正確に。

＜本文＞
時候のあいさつなどは必要なく、短く簡単に済ませ、すぐに本題に入る。一行35文字以内で抑え、適宜改行を入れると読みやすい。

＜署名＞
名前と連絡先が自動で表示されるように設定しておくと便利。

コミュニケーションツールの活用

検定問題にチャレンジ！　＜3級＞

(1) 電話を受ける際の心構えとして、適切なものを1つ選びなさい。
    (A) 電話が鳴ったら5コール以内に出ることが望ましく、相手の話に聞き漏れがないように要点をその都度確認する。
    (B) 電話に出る際は、会社の代表という意識を持ち、第一声は「明るく・さわやかに」言葉遣いに注意して応対する。
    (C) かかってきた電話の相手が初めて話す人の場合は、「はじめまして。ABC 商事の●●と申します」と挨拶してから応対する。

(2) 電話を取り次ぐ際のマナーについて、適切でないものを1つ選びなさい。
    (A) 取り次ぐ相手が隣にいる場合、早く取り次ぐためにも通話口を手で押さえて、そのまま隣の担当者に受話器を渡す。
    (B) 取り次ぐ相手が電話中の場合、保留にしたままで待たせず「恐れ入りますが、あいにく他の電話に出ております。いかがいたしましょうか」と尋ねる。
    (C) 社内に同じ苗字で複数いる人の取り次ぎを依頼されたら、どの部署の誰に取り次げばよいのかをしっかり確認して復唱する。

(3) FAXを送信する際のマナーとして、適切でないものを1つ選びなさい。
    (A) FAXを送信すると、送られた文書は相手先で不鮮明になることが多いので、小さい文字や込み入った地図などはあらかじめ拡大コピーしてから送信すると良い。
    (B) 大量送信はできる限り避けた方が良いが、やむを得ず送る際は、事前に電話で知らせ相手側機の使用状況や用紙があるかを確認する。
    (C) FAXは電話では説明が難しい内容などを補うことができるので、親展や機密文書であっても送信前に連絡を入れてからであれば送っても良い。

＜解答・解説＞
(1) (B) (A) 電話は3コール以内に出るのが望ましいです。4コール以上鳴って電話に出る場合は、「(大変) お待たせいたしました」と一言添えましょう。また話の要点は相手の話を最後まで聞いてから、全体の内容を復唱して確認します。(C) 初めて話す相手であっても、会社を代表して「いつも大変お世話になっております」と挨拶します。
(2) (A) 取り次ぐ相手が隣にいたとしても必ず保留操作は必要です。通話口を手で押さえても、相手に声が漏れ聞こえている可能性が高く失礼です。
(3) (C) FAXは相手(本人)が必ず直接受け取るとは限りません。取扱いに注意が必要な文書をFAXで送るのは適切ではありません。FAX送信時は様々な人がその文書を見る可能性があることを考慮して、公開しても問題のない文書を送りましょう。

検定問題にチャレンジ！　＜2級＞

(1) 電話をかけた際の注意点について、最も適切なものを1つ選びなさい。
　(A) 相手が出たらすぐに名乗り丁寧に挨拶し、用件を話す。
　(B) 名指し人が不在で伝言を依頼する場合、会社名と自分の名前を伝えて切る。
　(C) 電話を切る時は、相手が切るのを確認してから切るようにする。
　(D) 一方的に話すのではなく、相手に要点が伝わっているかを確認しながら話す。

(2) E-mailを送信する際のマナーとして、適切でないものを1つ選びなさい。
　(A) 文は必要事項を簡潔に書き、相手が読みやすい文章を心がける。行数が長くなる場合は、段落ごとに空行を入れるようにすると良い。
　(B) 誰が出したメールかはっきり分かるように、メールの最後に所属・名前・電話番号などの入った署名を入れる。
　(C) 長年、取引をしている親しい間柄の相手にメールを送信する場合、サブジェクト(件名)はつけなくても構わない。
　(D) 連絡文と資料などの文書は分け、資料は添付ファイルにして送ると良い。

(3) 携帯電話のマナーとして、適切でないものを1つ選びなさい。
　(A) 訪問先で商談中に携帯電話が鳴り出してしまったら「申し訳ございません」とお詫びし、一旦席を離れ電話に出て「商談中なのでかけ直します」と一言伝え、席に戻る。
　(B) 電話をかける際は、用件を切り出す前に「今お話してよろしいですか」と相手に尋ねてから話を進める。
　(C) 周りの騒音で相手の声が聞き取りづらい場合は、こちらの声のボリュームを大きくして話すと、相手の声も自然と大きくなるので効果的である。
　(D) 留守番電話サービスや転送サービス、着信音を消去できるマナーモードやバイブレーター機能などを、時と場所に応じて使い分けることが大切である。

＜解答・解説＞
(1) (D) (A)相手が名乗ってから自分も名乗り、丁寧に挨拶します。(B) 名指し人が不在で伝言をお願いした際は、必ず相手の名前を聞いておくようにしましょう。(C) 電話は基本的には、かけた方が先に切りますが、相手がお客様の場合は、お客様が切電したことを確認してから自分が切るとより丁寧な印象が与えられるでしょう。
(2) (C) 相手との間柄に関係なく E-mail には本文の内容が分かるように適切な件名をつけます。受信者が多くのメールから検索したり、迷惑メールやウィルスのついたメールと区別がつくよう必ず件名を入れます。

(3) (C) 周りがうるさいからと大声で仕事の会話は避けましょう。公衆の場で仕事の内容が分かるほどの大声での会話は危険です。周りに誰もいない場所、静かな場所を選ぶ等の配慮が必要です。

検定問題にチャレンジ！　＜準1級・1級＞

(1) 電話応対のマナーとして、適切なものを1つ選びなさい。
　(A) お客様からのお問合せ電話の場合、お客様にコストがかかっていることを意識し、一問一答を徹底し、結論を急ぐ必要がある。
　(B) お客様から聞いた事をはっきりと復唱し、間違いのないように確認することで、応対者の理解とお客様の用件を一致させてから、話を進めていく必要がある。
　(C) オープニングは会社の第一印象を決めると言われているが、電話では対面時と違い姿が見えていないので、明るく爽やかな挨拶ができれば姿勢や表情などに注意する必要はない。
　(D) 電話を切る際には応対者の名前をはっきり名乗り、こちらからお客様に電話をした場合であっても電話をかけた方が先に切るのが絶対なので、先に切る。

(2) お客様から携帯電話に連絡してほしいと言われていたのでかけてみると、留守番電話に切り替わった。この場合の対応として、最も適切なものを1つ選びなさい。
　(A) 何もメッセージは残さず電話を切り、自宅にいるかもしれないので自宅に電話をしてみる。
　(B) 会社名と名前、時間のあるときにお客様から電話をかけ直していただくよう留守番電話にメッセージを残す。
　(C) 何もメッセージは残さず電話を切り、時間をおいてもう一度かけ直す。
　(D) 会社名と名前、用件を留守番電話に入れ、時間をおいてもう一度かけ直すとメッセージを残す。

(3) 電子メールのマナーとして、適切なものを1つ選びなさい。
　(A) 電子メールは急ぎの用件を相手に伝えられることは保証されていないので、緊急の連絡や用件の場合には、電話など確実に相手と連絡がとれる手段を選ぶと良い。
　(B) 携帯電話からメールを送信する場合は件名のないメールを送っても問題ないが、パソコンからメールを送信する場合は送り先に失礼にあたるので件名を必ず入れる。
　(C) 電子メールでは、手紙と同様「拝啓」「敬具」のような頭語と結語、時候の挨拶などの形式的な挨拶文から始める。
　(D) 返信メールを送る際は、受信メール全文を引用していて「わかりました」や「了解しました」と一文だけ送信した方が簡潔でわかりやすい。

＜解答・解説＞
(1) (B) (C) 電話では視覚が失われます。姿は見えなくても、姿勢を正して笑顔で電話に出ます。(A) 一問一答は事務的な印象を与えますので、相手の言い分や要望を知るための質問を積極的に行い、親身に対応します。

(2) (D) 会社名と名前を留守番電話に入れておきます。何度かけても連絡が取れない時は仕方がありませんが、お客様にかけ直していただくことは基本的に避け、こちらから改めて連絡します。

(3) (A) (B) 携帯電話から送信する場合でも、必ず件名をつけて送ります。(C) ビジネスメールでは、手紙とは違い形式的な挨拶文は省略するのが一般的です。しかし、いきなり用件に入るのも失礼ですので「いつもお世話になっております」などの簡単な挨拶の言葉から始めましょう。
　　(D) 受信メールの全文を引用した返信メールは、無粋で手抜きのように感じられます。

コミュニケーションツールの活用

4
ビジネス文書

<第4章> ビジネス文書

ビジネス文書
　仕事を円滑に進めるためにビジネス文書は不可欠です。重要な案件など、口頭での伝達は信頼性に欠けます。勘違いや誤解が生じるのを防ぎ、相手との意思疎通を正確にするには文書でのやりとりが一番です。要点が明確に伝わるシンプルな文章でまとめることがポイントです。また、文書化には記録として残す意図もありますので、内容の正確さは必須です。

◆ ビジネス文書の種類 ◆

文書化する意味は？
・必要な情報を正確かつ迅速に伝える
・内容を証拠として残す
・法的な効力を発揮する

	ポイント	文書
社内文書	・効率の良さを重視 　⇒　儀礼的な表現（時候の挨拶など）は必要なし ・用件を率直に伝える	上司・会社 ⇒ 部下 ・指示文　・通達文 ・辞令　　　　など
社内文書		部下 ⇒ 上司・会社 ・稟議書　・報告書 ・企画書　・始末書　など
社外文書	・会社を代表して作成する文書 ・正確さ＋礼儀が必要	日常業務関連 ・依頼状　・請求書　など
社外文書		仕事でのトラブル関連 ・詫び状　・督促状　など
社外文書		社交・儀礼関連 ・招待状　・弔慰状　など

【ビジネス文書のルール】

文体を統一する
口語体は厳禁です。「です・ます」調が一般的ですが、会議資料などでは「である」調を使うこともある。

難しい表現は使わない
難しい言葉、分かりにくい表現は使わず、誰でもわかる日常的な言葉に言い換えましょう。
専門用語は避け、外来語はできる限り使わない。

基本は横書き
挨拶状や案内状など一部の社外文書を除いて、ビジネス文書は横書きで作成するのが基本。

記号や改行は的確に
段落分けしたり、箇条書きにして、すっきりとした文面に仕上げる。
（　）などの記号や符号も的確に使用して、読みやすい文書を作成する。

見出しをつける
簡潔に文書の種類を伝えるために見出しは必須。読み手の興味を引くように工夫すると良いでしょう。

結論から先に
起承転結でなく、先に結論を述べる。結論に対する説明をし、その説明を転じて発展させ、その他の意見や対策、考えを提案する。

完成したら必ずチェック！！
　ビジネス文書は正確でなければその機能を果たしません。「日付・宛名・数値・連絡先」など、誤字脱字や漏れがないか校正します。
　特に数値の間違いはトラブルのもとですので、念入りに確認を。
　名前の間違いは最も失礼なことなので、十分気をつけましょう。

敬語を使いこなして美しい文章に
　主に社外文書で用い、立場に応じて敬語の使い分けが必要。
　パソコンで文書を作成する際は、変換間違いなどにも注意しましょう。

◆ 社内文書 ◆

　儀礼的な表現が最低限守られていればよい社内文書。その代り、内容と効率が重視され、長い報告でも要点がすぐに伝わる表現が求められます。また、提出期限は厳守し、作成のタイミングやスピードにも配慮が必要です。

社内文書の種類

指示や命令をするためのもの
指示文、通達文、辞令　　など
報告や届け出をするためのもの
報告書、企画書、稟議書、申請書　など
連携や調整をするためのもの
伝言メモ、回覧文、案内文、照会文　など
記録や保存をするためのもの
議事録

＜基本的に使わない表現＞
過度の敬語（です・ます調の文体でOK）
頭語
時候のあいさつ（前文）
安否の確認
結語

敬語の使い方は臨機応変に！

◆ トラブルに関わること
　始末書や進退伺など、自分の立場についての文書では最上級に丁寧な表現にする。ぞんざいな敬語では反省の意が伝わりません。
　＜例＞　「〜〜の不注意が原因であると判明いたしましたので、ここにご報告申し上げます。」
　　　　「なにとぞ寛大な処置を賜りますよう、お願い申し上げます。」

◆ 事務的な要素のもの
　電話の伝言メモなど、日常的な業務に関する文書。丁寧すぎる敬語は不自然であり、最低限の敬語で伝える方が効率よく見える。
　＜例＞　「○○様から、電話がありました。後ほど、かけ直すそうです。」
　　　　「先日の会議について、後ほど報告いたします。」

◆ 社外文書 ◆

　社外文書はコミュニケーション手段としてよりも、内容の記録としての意味合いが大きくなります。挨拶などの礼儀は欠かせませんが、それ以上に実務を円滑に進めるために、相手に伝えるべきことや回答を正確に記載することが求められます。

【基本的な構成】

前付	発信年月日、宛名、発信者名の順。宛名は左寄せ、その他は右寄せ。
件名	「〇〇の件」・「〇〇のご案内」など、内容がひと目でわかるように記入する。
前文	頭語⇒時候の挨拶⇒安否の挨拶⇒感謝の挨拶の順。 ＜参考＞　表1：時候のあいさつ　　表2：頭語と結語
主文	必ず改行してから、「さて」、「つきましては」などと1拍おいて、本題となる用件を記入する。
末文	頭語に対する結語で締めくくる。
別記	「記」として、詳細を書く。箇条書きの体裁がベスト。 日時など、数字を記す際は、誤りに注意。
副文	注意事項や出欠席を知らせる方法、ほかの担当者などの付記事項を最後に書き加える。

表1：時候のあいさつ・例

1月	初春の候	厳寒の候	寒さことのほか厳しき折から	松の内も明けて	など
2月	春寒の候	梅花の候	立春とは名ばかりの寒さの折	余寒のみぎり	など
3月	早春の候	春暖の候	日差しうららかな今日この頃	浅春のみぎり	など
4月	陽春の候	桜花の候	春たけなわの折から	桜花爛漫の季節を迎え	など
5月	新緑の候	若葉の候	青葉若葉の風薫る五月	若葉がまぶしいこの頃	など
6月	梅雨の候	向暑の候	あじさいの花咲く頃	暑さも日増しに加わり	など
7月	盛夏の候	猛暑の候	太陽がまぶしい季節	酷暑のみぎり	など
8月	残暑の候	晩夏の候	残暑厳しき折から	炎暑の夏もしだいに遠のき	など
9月	初秋の候	清涼の候	そぞろ涼風の立つ頃	一雨ごとに秋めく	など
10月	秋冷の候	紅葉の候	木の葉も美しく色づいて	日増しに秋の深まりを感じる	など
11月	晩秋の候	向寒の候	秋色日増しに深く	冬も間近に迫り	など
12月	寒冷の候	初冬の候	年の瀬もいよいよ押しつまり	慌ただしい年の瀬を迎え	など

表2：頭語と結語

		頭語	結語
一般的な手紙	漢語調	拝啓、拝呈	敬具、拝具
	口語調	一筆申し上げます	敬具、拝具、かしこ
あらたまった手紙	漢語調	謹啓、謹呈、粛啓	謹白、謹言、謹上
	口語調	謹んで申し上げます	謹白、謹言、謹上、かしこ
急用の手紙	漢語調	急啓、急白、急呈	草々、匆々、不一
	口語調	取り急ぎ申し上げます	草々、匆々、不一、かしこ
再信の手紙	漢語調	再啓、再呈、追呈	敬具、敬白、拝具
	口語調	重ねて申し上げます	敬具、敬白、拝具、かしこ
前文省略の手紙 ※ビジネス文書では不可	漢語調	前略、冠省、略啓、草啓	草々、匆々、不尽、不一、早々
	口語調	前文お許しください 前文失礼いたします	草々、匆々、不尽、不一、早々 かしこ、取り急ぎ申し上げます、 乱筆お許しください
返信の手紙	漢語調	拝復、拝啓、復啓	謹言、敬具、敬白、拝具
	口語調	お手紙ありがとうございました お手紙拝見いたしました	敬具、敬白、拝具、かしこ

◆ 社交文書 ◆

　社外文書の中でも儀礼的な側面の強いものを「社交文書」と言います。実務関係の文書とは違い、格式を重んじ礼儀を示すことが重要です。形式にのっとり、正しい敬語表現や言葉の選択が必要となります。また、格式を示すために一般の手紙同様、縦書きが基本です。

主な社交文書とポイント

あいさつ状	
時候のあいさつ（年賀状、暑中見舞いなど）、 新規開業、転任・退職あいさつ　　など	・心からの気持ちを表現する ・送るタイミングを逃さない ・礼儀を重んじた文脈で ・頭語や時候のあいさつは省く（見舞い状） ・忌み言葉に注意（見舞い状、祝賀状）※表3 ・他の用件は書き加えない（見舞い状、祝賀状）
見舞い状	
不慮の事故、病気見舞い、お悔やみ状　　など	
祝賀状	
開店・開業祝い、結婚祝い、受賞祝い　　など	

表3：忌み言葉・例

結婚	別離を連想させる言葉：別れる、切れる、離れる、帰る、出る　　など
	再婚を連想させる言葉（重ね言葉）：再び、かえすがえす、重ね重ね　　など
開業・開店 落成式・竣工式 新築祝い	失敗や不吉なことを連想させる言葉： 倒れる、崩れる、壊れる、閉じる、失う、赤、火、焼ける、燃える　　など
妊娠・出産	不吉なことを連想させる言葉： 流れる、落ちる、滅びる、死ぬ、病む、逝く、短い、弱い　　など
弔事	死を直接連想させる言葉：死亡、死去　　など
	不幸を連想させる言葉：苦しい、つらい、迷う、浮かばれない　　など
	繰り返しを連想させる言葉（重ね言葉）：たびたび、くれぐれも　　など
病気見舞い	病状の進行や死を連想させる言葉：弱る、絶える、終わる、散る　　など
	繰り返しを連想させる言葉（重ね言葉）：再度、引き続き、ますます　　など

検定問題にチャレンジ！　＜3級＞

ビジネス文書について、適切なものには〇を、適切でないものには×をつけなさい。
(1) ビジネス文書の目的は、情報を正確に伝達することと証拠としての保存である。
(2) 手書きの礼状や詫び状は読みづらいので、相手に対して失礼になる。
(3) ビジネス文書では頭語の後、時候の挨拶を述べるが5月の時候の挨拶は「初夏の候」や「新緑の候」である。
(4) 社外文書の前文あいさつで、先方の商売の繁栄を喜ぶ意味に用いる語句は「ご健勝」である。
(5) 社内文書の1つで稟議書とは、担当者が上司に決裁や承認を受けるための文書である。

＜解答・解説＞
(1) 〇
(2) ×　礼状や詫び状など格式を重んじる場合は、直筆、縦書きの手紙を送ることが最も礼儀正しいマナーです。
(3) 〇
(4) ×　先方の繁栄を祝福する言葉は「ご発展」「ご隆盛」「ご繁栄」などを用います。相手が個人の場合に「ご健勝」を用います。
(5) 〇

検定問題にチャレンジ！　＜2級＞

ビジネス文書について、（　）に当てはまる最も適切な語句を(A)〜(H)の中から選びなさい。

　ビジネス文書には、社内文書と社外文書がある。社内文書とは、社内での（　1　）の交換に用いられる文書で、簡潔・明瞭・正確であることが大切である。通常は「です・ます」調を使い、頭語や時候の挨拶などの（　2　）は省略する。同文書を多数あてに出す場合の受信者名は「〇〇（　3　）」とすることが一般的である。

```
(A) 情報    (B) 様    (C) 機密事項    (D) 各位
(E) 職名    (F) 連絡   (G) 御中        (H) 前文
```

＜解答・解説＞
(1) (A)　　(2) (H)　　(3) (D)

検定問題にチャレンジ！　＜準1級・1級＞

(1) 社外文書を書く際のマナーとして、適切でないものを1つ選びなさい。
  (A) 上司名で出す祝い状などを代筆する際は、必ず上司の名前の脇に(代)鈴木　花子のように代筆者名も書き添えて送る。
  (B) 会議などの開催通知を書く際は、日時や場所などは主文に入れず、別に「記」と書いてから箇条書きにする。
  (C) 見舞い状には、普通の文書で書く時候のあいさつなどは省き、用件だけ(お見舞いの言葉や労わる言葉)を書く。
  (D) 文章に金額や数量などを書くときは、数字が2行にまたがることがないようにする。

(2) 次の文書の説明として、最も適切な語句を(A)〜(G)の中から選びなさい。
  (1) 物事を始めるときの考え・目的・意見を記した文書
  (2) 当事者が、契約・合意事項確認のために取り交わす文書
  (3) 作成した案を関係者や上司に回して、決裁を受けるための文書
  (4) 後日の証拠として、念のために書いて相手に渡す文書
  (5) ある事柄をある人に対して代理権を与えたことを他人に証明する文書

> (A) 覚書　　(B) 稟議書　　(C) 念書　　(D) 委嘱状
> (E) 委任状　　(F) 上申書　　(G) 趣意書

＜解答・解説＞

(1) (A) 代筆をしても、代筆者の名前を書き添える必要はありません。また、夫宛のお中元やお歳暮などの贈り物に対して妻が礼状を代筆する場合は、夫の名前の左下に少し小さめの字で「内」とだけ書き添えます。

(2) (1) (G)　　(2) (A)　　(3) (B)　　(4) (C)　　(5) (E)
　　(D) 委員会の委員に任命する際に渡す文書
　　(F) 部下が上司に事実や意見などを申し述べる文書

来客応対 と 訪問のマナー

<第5章> 来客応対と訪問のマナー

来客応対

会社には、様々なお客様が訪ねてきます。お客様が来社し、最初に接するのは受付の職員です。受付は「会社の顔」であり、一番初めに接した人の応対が会社全体の印象につながることを、常に意識する必要があります。「会社の顔」として、満足の得られるような応対を心掛けましょう。

また、受付業務の担当でなくても基本はしっかり押さえておくことが必要です。

◆ スマートな来客応対 ◆

① 受付

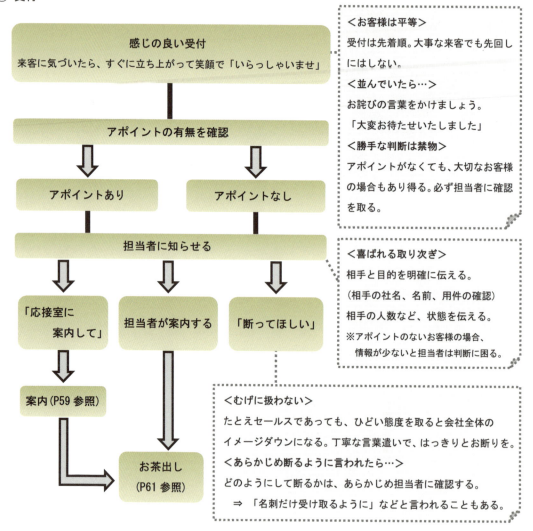

② 案内

お客様を案内する際は、スムーズかつ安全に目的の場所へ行くことができるように細かい気配りをすることが大切です。

＜先導案内＞
①行先を示す。※言葉と所作
「お待たせいたしました。〇〇にご案内致します。こちらへどうぞ。」
②お客様の2〜3歩斜め前方を歩き、先導する。
　※歩く速度はお客様の歩くペースに合わせ、お客様の様子に気を配りながら案内する。
③曲がる時、階段やエレベーター、エスカレーターなどの乗降時は言葉と所作（手のひら）で示す。
　※「エレベーターで5階に参ります」「こちらを左に曲がります」「段差がございます」など

≪階段・エスカレーター≫
・お客様は手すり側に立っていただき、お客様よりも低い位置を心掛ける。
　※ ただし、昇りの場合に後ろから人がついてくるのを嫌うお客様（特に女性）もいるため、
　　 断りを入れて先導しても良い。

≪エレベーター≫
・エレベーターに誰も乗っていない場合
（乗）「失礼します」と一声かけて先に乗り操作盤の前（下座）に立ち、「開」ボタンを押し、
　　　もう片方の手でドアを押さえてお客様に乗っていただく。
（降）操作盤の「開」ボタンを押し、もう片方の手でドアを押さえてお客様に先に降りて
　　　いただく。

・エレベーターに既に他者が乗っている場合（混んでいる場合）
（乗）中にいる方が「開」ボタンを押してくださってる場合は、ドアを押さえて先にお客様に
　　　乗っていただく。　自分は、最後に「失礼します」と一声かけて乗る。
（降）「お先に失礼します」と一声かけて先に降り、ドアを押さえお客様に降りていただく。

 ランクアップマナー　〜 案内中に上司とすれ違ったら…？ 〜

決して道は譲らず、状況に応じて紹介するようにします。
道を譲ってしまうと、後ろを歩く来客にもよけさせてしまうことになるので、失礼です。
自分の上司や来客と関わりのある上司に会った際は、状況に応じて紹介しましょう。

＜案内＞
①応接室付近（目的地付近）に来たら、「こちらでございます」と場所を示す。
②必ず、ノック（3回）をして入室する。
　※ 手違いで使用中のこともあるので、無人と分かっていても必ずノックをする。
③ドアを開け、お客様を中に通す。
　※ 外開きのドア：ドアを開け手で押さえ、お客様を先に通す。
　　 内開きのドア：お客様に一言挨拶をしてドアを開け入室。ドアを押さえてお客様を通す。

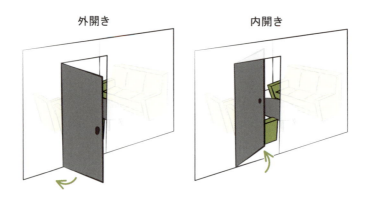

④お客様に上座を勧める。※ 言葉と所作
　※ 担当者が既に入室済みの場合、入室の際「○○様がお見えです」と声を掛ける。
　　 担当者がまだ来ていない場合、退室の際お客様に「○○はまもなく参りますので、少々お待ちください。」と声を掛け退室。

≪席次≫
　お客様には上座を勧め、客側・会社側とも上位者が上席になるようにしましょう。

【応接室】

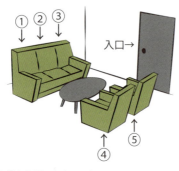

上座の条件は、
① 入り口から遠い席
② ゆったりとしたソファ（長椅子）
③ 絵画など装飾品が正面から見える席

※ ①から順に上座⇒下座

※ その他の席次については、P65「席次」の項目を参照

③ お茶出し
　①お盆に湯飲みと茶托は分けてのせ、きれいな布巾と一緒に運ぶ。
　　（カップとソーサー、グラスとコースターも分けてのせる）

　②運ぶ際はお盆を胸の高さに両手で持って運び、ノックをして入室。

　③お盆をサイドテーブルに置き、湯飲みの底（糸じり）を布巾で軽く拭いてから茶托にのせる。
　　（カップとソーサーも同様）

> ≪サイドテーブルがない場合≫
> ・応接テーブルの末席のスペースにお盆を置く

　④上座の人から順番に1つずつ両手で出していく。お客様の右側から出すのが基本。
　　会議や商談の邪魔にならない程度に「どうぞ」と一言添えて出す。

> ≪お茶とお菓子を一緒に出す場合≫
> 　・お菓子⇒お茶の順で出し、お菓子を左手、お茶を右手の位置に置く
>
> ≪冷たい飲み物を出す≫
> 　・先にコースターを置いて、次にグラスをコースターの上に置く。

　⑤出し終えたら、お盆は表を外側に向け脇に抱えて持ち退室する。

④ 見送り
　原則として自社ビルの玄関先まで見送るのが一般的ですが、見送る場所はお客様との関係や来社の目的によって判断します。

エレベーター	お客様が乗り込み、エレベーターのドアが閉まりきるまでお辞儀をして見送る
玄関	建物内が複雑であれば、玄関まで必ず見送る 玄関ではお辞儀をし、お客様の姿が見えなくなるまで見送る
車	重要なお客様であれば、車まで見送る 車が見えなくなるまで、お辞儀をして見送る

◆　名刺交換・人物紹介　◆

　外部の人への自己紹介には、名刺が必須です。名刺はその人の顔であり、会社の看板でもあります。丁重に扱い、スマートな紹介をすることによって、ビジネスを円滑に進めることにもつながります。

① 名刺交換

　名刺は、人と会う時に必要なビジネスツールの1つです。最もタブーなことは、名刺を忘れること！急に人と会うことになってもいいように、名刺入れには数枚ストックを入れて持ち歩きましょう。
　他社を訪れた場合は、先にこちらから名刺を差し出すのがルールです。

〈基本姿勢〉
・相手の正面に立ち、両手の位置は胸の高さ
・交換する前に、名刺が汚れたり、折れていたりしていないかチェック

名刺の差し出し方	名刺の受け取り方
名刺の向き	相手を見る
名刺が縦書きでも横書きでも、相手には名刺の正面を向ける	名刺に気を取られすぎず、相手と目を合わせる
起立する	両手で受け取る
テーブルがある場合は、回り込んで相手の正面に立つ	「頂戴いたします」と一言添え、胸の高さで両手で受け取る
両手で差し出す	名前を確認
差し出す際は、会社名・部署・名前をはっきり名乗り両手で渡す	名前の読み方が分からない時は、その場で必ず確認する

〈名刺を切らしていた場合〉
・「申し訳ございません。名刺を切らしておりまして…」と丁重にお詫びをする。口頭で、社名・部署・フルネームを名乗り自己紹介をする。相手に名刺を差し出されたら、受け取ってかまわない。
　帰社後、郵送する旨を伝え手配をする。次回にすぐ訪問する予定があるのであれば、必ず持参し「先日は、申し訳ございませんでした。遅くなりましたが…」と一言添えて、渡す。

同時交換
相手と同じタイミングで名刺を差し出した際は、特にどちらが先と譲り合う必要はありません。

① 差し出す
　両社とも向かい合い、お互いの胸の高さで両手で差し出す
② 片手を移動
　利き手で自分の名刺を持って差し出し、もう片方の手で相手の名刺を受け取る
③ 両手で受け取る
　お互いに相手の名刺を受け取ったら、両手で名刺を持って引き寄せるように受け取る

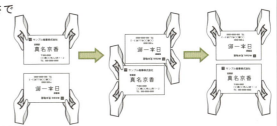

複数交換
人数分の名刺を名刺入れの間（蓋の下）に用意しておくとスムーズです。

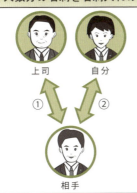

名刺交換は、役職が上の人から順番に行う。複数の名刺交換でいただいた名刺は、左手で名刺入れの下に仮に置き、自分の名刺は名刺入れの間から取り出す。

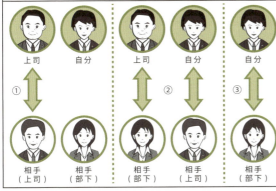

上司が交換している間、部下どうしで交換することも慣例としてありますが、これは部下と名刺交換した後で、相手の上司と交換することになり、正式なマナーとしては失礼。時間がなくやむを得ない場合や上下関係がない場合などは、待たずに各自の間で名刺交換が行われる。

受け取った名刺は…

　受け取った名刺は、名前を確認しテーブルの上へ。テーブルに直に置くよりも、名刺入れを名刺の下に敷くと好印象です。相手が複数であれば、座席順に並べて置くようにします。

来客応対と訪問のマナー

② 人物紹介
　多くの人が関わる仕事では、知らない人同士を引き合わせることがあります。面識のない人同士の間に立って紹介する際は、順番に気をつけましょう。

【紹介する順番】
・先に目下の人（年下・役職が下の人）を目上の人に紹介する。
・地位も年齢も近い場合は、より自分に近い人から紹介する。
・家族を紹介する際は、先に家族から紹介する。

紹介者の心得		
・同席の理由を告げる 同じプロジェクトを担当する社内の人を同席させる際、相手との面識がなければ、なぜ同席しているのかを説明する。	・できる限り中座はしない 紹介人は、会話（会談）の進行役。初めて会った人同士のコミュニケーションが円滑に進むように中座は避け、立ち会う。	・会話を取り持つ 仕事のエピソードなどを交えながら、相手（取引先）が興味を引きそうなことを添え、信頼を得られるような会話のきっかけを与える。

◆ 席次 ◆

席次とは、座る位置によって相手に敬意を表する意味を持っています。お客様には上座を勧め、客側・会社側とも上位者が上席になるようにしましょう。応接室や乗り物などで、上司やお客様と同席する場合の席次をご紹介します。

<応接室の席次>
① 部屋の奥で入口から遠い席
② いすの形状
　　1．ソファー（長椅子）　　2．肘掛け、背もたれ付き（一人掛け）
　　3．背もたれ付き（一人掛け）　　4・肘掛、背もたれ無（一人掛け）
③ 大きな窓や美しい眺望が臨める場合は、入口側であっても景色が良く見える席

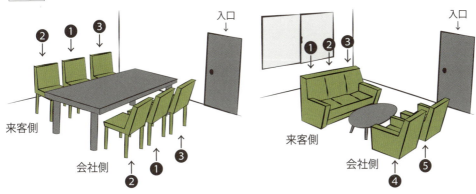

<会議室の席次>
① 議長席が中心（下図：Ⓐ議長）
② 議長席に近い方（議長の右隣→左隣の順）
③ 部屋の入り口から遠い方

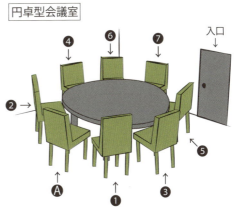

<乗り物>
・車：運転手（専任）がいる場合

タクシーや運転手付きの
乗用車の場合

① 運転席の後ろが上座
② 後部座席に3名で座る時は、真中が最も下座

※左図は原則ですが、タクシーの場合、①の席は
　入り口から最も遠いため、乗り降りしづらい点
　があります。後部に3名座るような場合は、本人の
　意向を確認すると、より丁寧な印象になる。

・車：運転手（専任）がいない場合

同行者のうちの誰かが
運転する場合

・トータル4〜5名で乗車するなら助手席が上座
・後部座席に3名で座る時は、真中が最も下座

※左図は原則ですが、トータル3名で乗車する場合は、
　後部は1名でゆったり座れることになるため、後部が
　上座という考え方もある。本人の意向を確認すると、
　より丁寧な印象になる。

・エレベーター

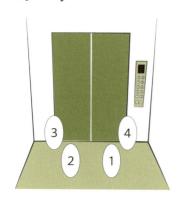

① 入り口から遠い方が上座。入り口に近い方が下座。
② 操作盤の前が最も下座となります。

※目上の人と一緒にエレベーターに乗った場合は、
　操作盤の前に立ち、目上の人の行く先を尋ねたり、
　ドアの開閉操作をする。

◆ 訪問のマナー ◆

相手の会社を訪ねる際は、必ず相手に連絡して都合を確認し、訪問の約束をします。訪問前には入念に準備を行い、当日は時間厳守が基本です。

<約束(アポイントメント)の取り方>
① 訪問の目的、同行者、所要時間を伝える
　　訪問の目的・用件を伝え、相手に訪問の可否を尋ねます。相手の判断を促すためにも、同行人数や所要時間の目安も事前に伝えます。
② 訪問日時を相手の都合に合わせて決める
　　相手の都合を優先させることが原則です。相手の指定日に都合がつかないようであれば、2つほど候補日を出しましょう。
③ 約束(アポイントメント)がとれたら、御礼と確認をする
　　「お忙しいところ、お時間をいただきありがとうございます。それでは、〇月〇日△曜日、14時に伺います。どうぞ、よろしくお願いいたします。」

訪問の心構え	・交通機関や道順、訪問する会社について下調べをする ・忘れ物がないか再確認する(資料の枚数・名刺など) ・身だしなみを整える(コート・帽子・マフラー等は建物の外で脱いでおく) ・10分前には到着するようにする

<訪問先での振る舞い方>

受付	会社名・名前・担当者名・約束の有無・約束の時間を伝え、取り次ぎを依頼。 「お世話になっております。私、〇〇商事の山田と申します。本日14時に□□部の田中様にお約束いただいております。お取次ぎをお願いできますでしょうか。」
案内に従う	面会票への記入や、指定された場所で待つなど受付係の指示に従う。
応接室	勧められた席に座る 上座を勧められたら上座に。指定がなければ下座に座って待つ。 荷物は足元、コートは脇に置く 鞄など荷物は足元に置く。コートは中表にたたんで脇に置く。 資料と名刺を確認 担当者が来たらすぐに出せるように準備しておく。

＜打ち合わせの流れ＞

挨拶
相手が来たら、すぐに立ち上がり挨拶をする。
初対面であれば、名刺交換をする。

手土産を渡すなら、このタイミング！

軽い雑談
・
本題
・
まとめ
本題に入る前に、緊張をほぐすような軽い雑談をしてから本題へ。
本題では、進行をスムーズにするため結論から先に言い、その後状況説明などを補う。
ひと通り打ち合わせが終わったら、決定事項等を確認し、訪問側から締めの言葉を述べる。

辞去
訪問側が打ち合わせを切り上げるのが原則。お礼を述べて退室する。
「本日は、お忙しいところありがとうございました。」

＜個人宅への訪問＞

訪問の注意点

・プライバシーの尊重
　通された部屋以外に入らない、お手洗いを勝手に使わないなどの気配りを。
・身だしなみ
　靴下やストッキングはきれいなものを用意。コートは玄関の外で脱ぐ。
・手土産
　相手の家族構成を考慮して品物を選び、部屋に通されてから渡すのが礼儀。

・靴の脱ぎ方
① 正面を向いて靴を脱ぐ。　※ 相手に背中（お尻）を向けないのが基本。
② 斜め後ろにひざまづくようにして、靴を、つま先が玄関口に向くよう揃える。
③ 揃えた靴は玄関の隅によせておく。

検定問題にチャレンジ！　＜3級＞

お客様への飲み物（お茶・コーヒー等）の出し方について、適切なものには〇を、適切でないものには×をつけなさい。

(1) お茶を淹れる際は、濃さが均等になるように少しずつ順番に注ぎ、量は湯飲みの5分目位を目安に注ぐ。
(2) お茶とお菓子を出す際は、お茶→お菓子の順番で出す。
(3) 湯飲みや茶托に絵柄がある場合は、お客様には絵柄が正面にくるように出し、社員のものは、お客様に絵柄が見えるように反対向きにして出す。
(4) コーヒーや紅茶を出す際は、スプーンやミルク、砂糖はソーサーの手前に置き、ソーサーと一緒に両手で出す。
(5) 冷たい飲み物を出す際は、コースターを敷き、その上にグラス・コップを置く。

＜解答・解説＞
(1) ×　お茶の量は、湯飲みの7分目位を目安に注ぎます。
(2) ×　お菓子→お茶の順番です。
(3) ×　社員や身内にお茶を出す場合でも、絵柄が正面にくるように出します。
(4) 〇
(5) 〇

名刺交換について、以下の問いに答えなさい。
(1) 名刺を受け取る際のマナーとして、適切でないものを1つ選びなさい。
　(A) 名刺を受け取ったら、すぐに日にちや用件を名刺の余白にメモしておくと良い。
　(B) 名前の読み方がわからない場合は、その場で尋ねるようにする。
　(C) いただいた名刺は、名刺入れの上に乗せて、商談中はずっと机の上に置いておく。

(2) 名刺を差し出す際のマナーとして、適切でないものを1つ選びなさい。
　(A) 名刺は文字に指がかからないように持ち、名刺の文字が相手に向くようにして差し出す。
　(B) いすに座っている時に名刺交換が始まったら、すぐに立ち上がりテーブル越しに名刺を差し出し、交換する。
　(C) 上司と共に取引先の部長と担当者へ挨拶に行き名刺交換する場合は、上司から先に名刺交換をし、その後自分が交換する。

来客応対と訪問のマナー

<解答・解説>
(1) (A) 受け取ってすぐに記入（メモ）するのは、大変失礼です。帰社してから記入するようにします。
(2) (B) テーブルを回り込み相手の正面に立って交換します。

検定問題にチャレンジ！ ＜2級＞

(1) 来客へのお茶出しのマナーとして、適切でないものを1つ選びなさい。
  (A) お茶を出し終えたら、お盆は表を外側に向けて脇に抱え持ち、速やかに退出する。
  (B) 応接室の構造上、お客様の正面からしかお茶を出すことが出来ない場合は、「前から失礼いたします」と一言添えて出す。
  (C) お茶は、上座のお客様から先に出し、お茶と一緒にお菓子を出す際は、お茶を先に出す。
  (D) お茶を運ぶ際、お盆に湯飲みと茶托は分けてのせ、きれいなふきんを必ずのせて、お盆を胸の高さに両手で持って運ぶ。

(2) お客様にお茶やコーヒーを出す際のマナーとして、適切なものを1つ選びなさい。
  (A) 湯飲みに入れるお茶の量は、なみなみと入れるのではなく、5分目ぐらいを目安に入れると上品である。
  (B) お客様が砂糖・ミルクを使用せずにコーヒーをそのまま召し上がっている場合は、邪魔になる砂糖やミルクはすぐに下げる。
  (C) コーヒーを出す際には、スプーンはソーサーの上にあるカップの手前に置いて出す。
  (D) お茶は、あらかじめ茶托の上に湯飲みを置いてから運び、お茶を出す際には、湯飲みの糸底を布巾で軽く拭いてから出す。

(3) 名刺交換のマナーとして、適切でないものを1つ選びなさい。
  (A) 名刺交換の後、名刺に記載のない携帯電話の番号を教えていただいたので、一言断りを入れて、その場で名刺の空いているスペースに書き込んだ。
  (B) 名刺交換は必ず立って行い、名刺は相手に向けて持ち、文字に指がかからないようにして差し出す。
  (C) 先方の名前の読み方がわからなかった場合は、名刺交換の際に読み方を確認する。
  (D) 複数人と名刺交換をして商談に入る場合は、テーブルの上に名刺を並べるとスペースが狭くなるので、すぐにしまうようにする。

<解答・解説>
(1) (C) お茶は上座の方から順に出します。お茶とお菓子を一緒に出す際は、お菓子→お茶の順で出します。
(2) (C) (A)一般的に来客によく用いられる煎茶は70度〜90度の間くらいが適温で、なみなみと注ぐのではなく、7分目くらいが上品です。(B)それぞれの味わい方がありますので、砂糖・ミルクは最後まで置いておきます。(D)お茶を入れたら、湯飲みと茶托は別々にして運びます。
(3) (D) 名刺交換で頂いた名刺はすぐにしまわず、座っている順番に並べて名前や役職を間違えないようにしながら会話をしましょう。名刺をしまうタイミングは、自分が訪問者であれば、原則相手がしまうまでは出しておきます。

訪問のマナーについて、適切なものには〇、適切でないものには×をつけなさい。
(1) 訪問する際は、約束時間の10分前には訪問先に到着し、寒くてコートなどの上着を着ている場合は、部屋に通されてから脱ぐようにする。
(2) 取引先に上司を紹介する場合、上司であっても社内の人間であれば敬称をつけずに紹介し、上司が複数いる場合は役職が高い順に紹介する。
(3) お客様の個人宅で商談や交渉をする際は、長居することになっても失礼ではないので、話の前置きに十分な時間を割き、その後で用件を伝える。
(4) 突然訪問して時間を割いてもらうのは失礼な行為なので、ビジネスでは前もって電話で約束(アポイントメント)を取るのがマナーである。
(5) お客様の家に上がる際には、靴は前向きのまま脱いで上がり、その後靴先を玄関口に向けて揃え直す。

<解答・解説>
(1) × コートなどは建物に入る前に脱ぎ、手に持って入ります。帰る際も建物を出てから着ます。
(2) 〇 紹介する順序は、原則社内の人→社外の人、役職が上→役職が下の順番で紹介します。
(3) × 挨拶は簡単に手早く用件を切り出し、長話にならないようにします。
(4) 〇
(5) 〇 後ろ向きで脱ぐと相手にお尻を向けることになり、失礼です。

6 食事のマナー

<第6章> 食事のマナー

食事のマナー

　ビジネス、披露宴や食事会に招かれた際、楽しく食事をするためにも基本的なテーブルマナーや食事の作法は必須です。また、テーブルマナーは特別な日だけものではありません。毎日の生活に密着しており、一緒に食事をする人同士が、お互いに気持ちよく食事を囲むことができるような振舞いが大切です。

◆ テーブルマナーの基礎知識 ◆

① 基本のマナー

1．背筋は真っ直ぐ、背もたれによりかからずきちんと座る。ひじをついて食べない。
2．口の中に食べ物を入れたまま、喋らない。音を立てて食べない。
3．お箸などを振り回さない。
4．お皿の上の料理は、食べる分ずつ切り分ける。（先に切り分けない）
5．黙って席を立たない。

② フォーマルな場面の心得

ルール①	身なりを整える 店には集合時間の10～15分前に到着しているのが理想。席に着く前に化粧室に行き、身なりを整える。
ルール②	食べ方をスマートに 料理が運ばれてきたら、食器の音は立てずに食事を楽しむ。同席の人と食事のペースを合わせるのもマナーのひとつ。
ルール③	たばこは厳禁 食事中のたばこは、周囲の人が迷惑なだけでなく料理の味が損なわれるので避ける。どうしても吸いたい場合は、デザートなどが運ばれる食事の終盤にし、同席者に一言断りを入れましょう。
ルール④	携帯電話の電源は切る（サイレントモード） 楽しく会話をしている最中に電話が鳴って会話を遮るようなことは避ける。あらかじめ電源は切っておくか、サイレントモードにしてから食事を楽しむ。
ルール⑤	香水は控えめに 料理は五感で楽しむもの。男女とも香りの強い香水や整髪料は控えめに。

◆ 日本料理のマナー ◆

料亭や和室では正座をすることが多いので、座りやすい服装で出かけ、靴下や靴の中敷きが汚れていないかなどチェックして、足元にも気を使います。

① 日本料理の種類

本膳料理	最も格式が高く、伝統的な料理。 ご飯、汁物などの一の膳、和え物や煮物などの二の膳、刺身や椀物の三の膳、焼き物の与(四)の膳、お土産用の五の膳といった構成。
懐石料理	簡素な料理が一品ずつ出される。 由来は「茶席で出される軽い食事」から。一汁三菜が基本で最初にご飯と汁、肴などの向付が出され、その後に一品料理が出る。
会席料理	一般的な料理。 江戸時代の酒宴料理が起源。お酒を飲みながらいただく。料理が並んでいる形式と、次々と料理が運ばれてくる形式がある。ご飯や汁物は最後に出される。

② 懐紙の使い方

日本料理ではナプキンの代わりに懐紙を用います。懐紙は、指先や箸先の汚れをぬぐう等、様々な用途があります。ただし、懐紙はテーブルの上には置きません。すぐに取り出せるけれど、見えないところに隠し持っておくのが奥ゆかしく好ましい懐紙のマナーです。

・口元を隠す	魚の骨(小骨)を口から出す時、人に見せないように
・つまむ	魚料理で魚の頭を懐紙で押さえ、骨をとりやすくする
・受け皿の代わり	汁気の多い食べ物の受け皿として
・残り物を隠す	残った骨などが見苦しい時にかけておく
・ふきんの代わり	指先や箸先の汚れをふく

> ♛ ランクアップマナー ～おしぼりの使い方～
>
> ＜NG＞ ・おしぼりでこぼした醤油や汁などを拭かない
> ・顔、口元をふかない

③ 正しい箸の使い方
　　日本料理は箸だけで食べられるように調理されています。そのため、日本料理の食事作法は、「箸に始まり、箸に終わる」と言われ、箸の使い方が重要なマナーの１つとされています。

・箸の上げ下ろしは、必ず両手で
＜箸の取り方＞
　１．右手で静かに持ち上げる
　２．左手を箸の下から添える　→　右手を横に滑らせて持ちかえる

＜箸の置き方＞
　１．右手で箸を持ったまま、左手を下に添える。
　２．右手を横に滑らせて、箸を上から持つ。
　３．左手を離して、そのまま箸を置く。　　※　箸置きに置く時は、箸先を３～５㎝箸置きから出す。

・割り箸
　１．右手で割り箸を取り、左手は下、右手は上の箸を持ち、扇を開くように手首をひねって膝の上で割る。　※　縦に割り箸を持って割ったり、膳の上で割るのはマナー違反。
　２．毛羽立ってしまったら、手で取る。

・箸と器は同時に持ち上げない
　１．まず右手で器を手に取る
　２．器を左手に移し、右手で箸を取り上げ、箸先を左手の薬指と小指の間に挟む
　３．右手を横に滑らせるようにして、静かに箸を持ちかえる。

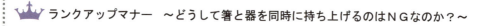　ランクアップマナー　～どうして箸と器を同時に持ち上げるのはＮＧなのか？～

箸と器を同時に取り上げるのは「もろおこし」といって粗相のもとです。
やってはいけない作法です。大切な器を傷つけないためにも、丁重に扱いましょう。
器も箸も、まずは利き手でしっかりと持つことが大切です。

・嫌い箸

　多くの人が会食をする場では、昔から人々が忌み嫌う箸使いを「嫌い箸」と呼んで、してはいけない無作法な箸使いとされてきました。

刺し箸・付き箸	フォークのように食べ物を刺して食べる。
渡し箸	箸を皿や椀の上に置く。
迷い箸	あれにしようか、これにしようか箸を宙で迷わせる。
寄せ箸	箸を使って自分の手元に器を引き寄せる。
探り箸	料理の中身を箸で探る。
握り箸	箸を握って使う。攻撃の意味にもなる。
ねぶり箸	箸を口の中に入れてなめる。
涙箸	汁気の多い料理の汁を垂らしながら口に運ぶ。
逆さ箸	自分の箸を逆さにして使う。
差し箸	箸で人や料理を差す。
突き立て箸・立て箸	ご飯に箸を突き立てる。
竹木箸	不揃いの箸で食べること。
こすり箸	割り箸のささくれをこすって落とす。
ちぎり箸	箸を1本ずつ両手に持って、食べ物をちぎる。
たたき箸	箸で器をたたく。
押し込み箸・込み箸	箸で口に食べ物をつめ込んで頬張る。
もぎ箸	箸先にくっついたご飯粒をなめて、口でもぎ取る。
移し箸・拾い箸	箸と箸で食べ物を渡す。

④ 料理のいただき方

刺身	① 皿の手前から食べる ② わさびを少量刺身につけ、しょうゆにつける ※ わさびは醤油にとかさない → 風味が損なわれるため
焼き魚（お頭付）	① 魚の頭を懐紙で押さえ、背骨にそって箸をいれる ② 頭の方から食べ、裏に返すことなく、骨を浮かしてはずす ③ 下の身を食べ、残った骨などは懐紙で隠す
椀（ふた付）	① 右手で椀のふたをつまみ、左手は椀の縁にそえる ② ふたを静かに開け、椀の内側にふたを立てるようにし水滴をきる ③ ふたは裏返しにして膳の外に置く

食事のマナー

◆ 西洋料理のマナー ◆

　周囲の人の迷惑にならないようにテーブルマナーを守ることは、レストランでの最低限のルールです。同席者と食べるスピードを合わせ、会話を楽しみながら食事をします。また、欧米ではレディファーストが基本的なマナーです。入店からオーダーなど、すべて男性が引き受けます。日本人にはあまり馴染みのない習慣ですが、男性は女性をエスコートし、女性も恥ずかしがらずに堂々と受けましょう。

① 着席
- いすは左から座り、左から立ち上がる
- バックは左手に持ち、左の足元におく
    - ※女性の小さなバックは、いすの背もたれの前に置く
    - ※椅子の背もたれにぶら下げたり、空いているいすに置かない
- 足は組まない、腕は組まない、肘をつかない
- テーブルとの間隔が握りこぶし２つぐらいになるように、椅子にかける

② フルコース

<フランス料理>

① 食前酒　　⑦ ロースト
② オードブル　⑧ サラダ
③ スープ　　⑨ チーズ
④ 魚料理　　⑩ ケーキ
⑤ 肉料理　　⑪ フルーツ
⑥ ソルベ　　⑫ コーヒー または紅茶

<イタリア料理>

① 食前酒
② 前菜
③ パスタ・スープ・リゾット
④ メイン（魚か肉を選択）
⑤ サラダ
⑥ デザート
⑦ コーヒー

※ パンは②の時に出され、⑧の時に下げられる
※ アルコールは、⑧まで

③ ナプキンの使い方

　ナプキンは、食事中に衣服を汚さないため、口元や指先の汚れを拭くときなどに使います。また、魚の小骨やフルーツの種を口から出す時に口元を隠すためにも使います。自分のハンカチを使うのはマナー違反ですので、やめましょう。

ナプキンを取るタイミング		
主賓がいる場合	パーティーの場合	左記以外の場合
主賓や上司がとってから	乾杯が済んでから	注文した後、または飲み物を注いでもらった後
ナプキンの置き方		
二つ折りにし、折り目を手前に膝の上に置く		
ナプキンの使い方		
口を拭く	二つ折りにしているナプキンの内側上部で拭く	
手を拭く	グラスの汚れを手で拭った後やフィンガーボールで手を洗った後など、二つ折りにしているナプキンの内側上部で拭く	
ナプキンの扱い方		
中座	椅子の上に軽くたたんでおく。または、背もたれにかける。 ※ フランス料理では、食事中の途中退席はマナー違反です。 　途中退席できるのは、デザートの後のお茶の時間です。	
食事終了	ナプキンはきれいにたたまず、クシャッと適当にたたんでデザート皿の右側上方に置く。 ※ きれいにたたむと「料理がおいしくない」という意味になる。	

👑 ランクアップマナー

～ ナプキンを使わないのはお店に失礼？ ～
自分のハンカチなどを使う行為は、「お店のナプキンは汚くて使えない」という意味になります。お店に対して、とても失礼な行為になりますので気をつけましょう。

～ ナプキンを落としたら？ ～
自分では拾わず、お店の方に拾ってもらいます。
また、同席者がナプキンを落としても、相手の方に恥をかかせないため、気がつかないふりをするのがマナーです。

④ カトラリーの使い方
　日本料理における箸使いと同じく、西洋料理ではカトラリーを正しく使うことが大切です。カトラリーは、スープ用、肉料理用などと料理によって変わり、外側から使うようにセッティングされています。

・基本的なテーブルセッティング

1. スープスプーン
2. オードブル用フォーク＆ナイフ
3. 魚用フォーク＆ナイフ
4. 肉用フォーク＆ナイフ
5. コーヒースプーン
6. デザートスプーン
7. フルーツナイフ＆フォーク
8. シャンパングラス
9. ワイングラス（白）
10. ワイングラス（赤）
11. ゴブレット（水・ジュース）
12. バターナイフ

カトラリーの使い方 3か条

・右手にナイフ、左手にフォークを持つ！
　⇒ 脇をしめて、人差し指で押さえて持つ。げんこつのように握らない。
・デザート用カトラリー以外は、外側から使う！
　⇒ 一番上のコーヒースプーンは、コーヒーが出たときに使う。
・食事中と食事終了は、カトラリーでサインを！
　⇒ 右図のように、食事中はフォークとナイフを「ハ」の字に置く。
　　フォークは背を上に、ナイフは刃を内側に。食べ終わったら、
　　フォークは背を下に、ナイフは刃を内側にして平行に揃えておく。
　　斜めに置くのがフランス式、縦に置くのがイギリス式で、どちらでもかまわない。

⑤ 料理のいただき方

スープの飲み方	（イギリス式）　スプーンを手前から奥へと動かし、すくう （フランス式）　スプーンを皿の奥から手前に向かって動かし、すくう ※ 音を立てないようにして飲むのは、共通ルールです。
パン	一口大にちぎってから食べる。バターを塗る場合は、ちぎったパンに少しずつのせ、バターナイフは使うたびに刃を手前にしてパン皿に置く。
魚料理（骨付き）	① 魚の頭から尾にむかって縦に切り込みを入れる ② 左端（頭の方）から一口ずつ切り分けながら食べる ③ 裏に返すことなく、骨と下身の間にナイフを入れて骨をはずす ④ 下の身を左端から食べ、残った骨などは皿の奥へ移動させる
肉料理	左端から一口ずつ切り分けながら食べる ※ 最初から食べやすいように切り分けてしまうのはマナー違反。
ライス	ご飯をフォークの腹（表面）にのせて食べる。 フォークを右手に持って、ご飯をすくって食べてもかまわない。 フォークを左手に持つ時は、そのまますくうかナイフを使ってご飯をのせて食べる。
パスタ	フォークを立てて持ち、パスタを少量とって回しながら食べる。 本場イタリアでは、フォークのみで食べる。 ※ スプーンを受け皿代わりにするのは、間違いです。

♛ ランクアップマナー

～料理のソースやスープの残りにパンをつけてもいいのか？～

　パンをスープに浸して食べるのは、どんな場合でもマナー違反です。カジュアルな場であれば、パンをソースにからめて食べるのはかまいません。しかし、結婚式や格式高いパーティーなどのあらたまった席では控えましょう。

食事のマナー

◆ 中華料理のマナー ◆

　中華料理は、円卓（ターンテーブル）で食べることが多いです。細かいマナーがあまりない中華料理ですが、同席者とひとつの料理を取り分けながら食べるので、同席者への気配りが大切です。

① 中華料理の種類

北京料理	北部の寒冷な地方で発達した料理で、揚げ物や炒め物など濃厚な料理が多くみられる。豚や羊、鴨などが主材料として使われ、内陸部に位置するため海産物を取り入れた料理はほとんどない。 鴨を丸焼きにした「北京ダック」や「青椒牛肉絲」は代表的な料理。
上海料理	豊富な魚介類と農産物を主材料とし、淡白で上品な醤油ベースの味付けや醤油と砂糖を多く使った甘辛い味付けの料理が多く見られる。長江に接しており、川魚料理が多いのも特徴。 上海蟹を使った料理や「豚の角煮」、「小龍包」などが有名。
広東料理	海に近いため、素材の味を生かした比較的あっさりとした海鮮料理が有名。ソースやケチャップなど、本来中国にはない調味料を取り入れた味付けも特徴。「酢豚」や素材を活かした「フカヒレスープ」などが有名。
四川料理	山深い地域で発達した料理で、発汗作用を促す唐辛子や山椒などの香辛料が豊富に使われている。酸味や辛味が非常に強い味付けが特徴。 赤唐辛子をふんだんに使った「麻婆豆腐」や「海老チリソース」などが有名。

② 円卓の席次

　中華料理のお店では、レストランと同じで出入り口から最も遠い席が上座です。そこから次第に出入り口に近づいてきて、出入り口に最も近い席が下座です。

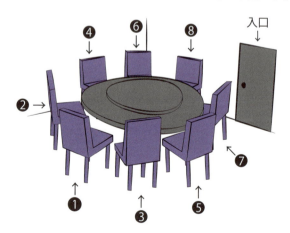

円卓は8人掛けが一般的。
男性と女性が交互に座ります。

※①から順に上座⇒下座（主賓の左隣→右隣の順）

③ 円卓（ターンテーブル）でのマナー

・大皿に盛られた料理が円卓（ターンテーブル）に運ばれてきたら、まずは主賓の前にいくように回す。
　ターンテーブルは、時計回りに回すのが基本。
　※ ただし、左に回せばすぐ取れる料理であれば、逆に回してもかまわない。

・自分の順番がきたら、その皿にそえられている箸やサーバー（スプーンとフォーク）などで、自分の
　小皿に取り分けて食べる。とり箸やサーバーがない場合は、自分の箸を使う。
　※ 嫌い箸である「逆さ箸」はしない！
　※ 円卓では、必ず座ったままで料理を取り分ける。

・取り終わったら、ターンテーブルを回して、隣の人に料理をまわす。
　※ 料理は人数分盛られてくるので、1人分よりやや少なめにとる。
　　 好きなものだけを探ったりしないこと。

・全員が取り分けた後で、残っている料理があれば自由にお代わりできる。

・ターンテーブルをやたらに回さない。
・飲みものや自分の皿は、ターンテーブルに置かない。
・料理をとりわけたスプーンやフォークは重ねて、次の人がとりやすい向きに置く。

 ランクアップマナー　〜取り皿の使い方〜

取り皿は自由に何枚でもかえられます。タレの味が混ざってしまうと、次の料理がおいしく食べられなくなってしまいます。もしも、予備の取り皿がなくなったら、係の人に新しい取り皿を頼みましょう。
また、取り皿は、食べる時に持ち上げないのが基本のマナー。テーブルの上に置いたまま、箸やれんげを使って食べます。

食事のマナー

④ 料理のいただき方

点心	（春巻き）　切り分けていない状態で出された場合、箸で二等分にして食べる。そのまま噛りつくのは好ましくありません。 （小龍包）　れんげを受け皿代わりにして皮を崩さずに食べる。肉まんなどは、一口ずつちぎって食べる。
めん類	食べやすい量のめんを取り、れんげで受けてから口に運ぶ。 スープをいただく時は、れんげは右手に持ち替え、れんげを使って飲む。
中国茶（ふた付）	油を使うことが多い中国料理では、食事をしながらの中国茶が欠かせない。右手でふたを押さえながら少し奥にずらし、茶葉が口に入らないようにして飲む。ふたを半分ほどずらしておく事が、おかわりのサイン。

◆ 立食スタイルのマナー ◆

　立食パーティーは、食事よりも会話を楽しむのが目的です。その場の雰囲気を壊さないように振舞うことが大切です。着席スタイル以上に、立居振舞やマナーが顕著に表れてしまいますので、洗練されたスマートな振舞を身につけましょう。

① 立食パーティーでの振舞方

・クローク
　ビジネスバッグ、トートバッグ、大きな荷物やコートはパーティー会場には相応しくありません。
　必ずクロークへ預けるようにします。

・受付
　立食の会場には、スタートの15～20分前までには入っておく。受付は、自分から手続きを済ませるのが、マナーです。また、会場の入り口には、「ウェルカムドリンク」が用意されている事があります。ウェルカムドリンクをウェイターから受け取る際には、左手にあらかじめ紙ナプキンを持っておき、右手で受け取ったドリンクをナプキンを底にして左手に持つのがマナーです。

・主催者へのご挨拶
　お招き頂いた方には、感謝の気持ちを伝え、挨拶をしましょう。ただし、忙しくしている場合は、後日、その旨とお礼を伝えることを忘れないようにします。

・会話を楽しむ

　パーティーでは食事をメインに考えないで！友人や顔見知りの方だけでなく、初めてお目にかかる方も多い場です。パーティー開始から終了まで、お連れや知り合いの方とだけ会話するのではなく、お近くにいらっしゃる方やお一人でご出席の方などに、笑顔で話しかけてみましょう。

- パーティーの最初から最後まで1ケ所に固まる。
- 料理のあるテーブルと陣取ったテーブルのみの往復。
- いすの用意があっても、ご年配の方などのためのもの。ずっと座り続けているのはマナー違反。バッグや荷物でキープするなど、もってのほか！
- 料理を取る他の方々の邪魔になるので、料理のあるテーブル周辺で食事はしない。

② スマートな料理の楽しみ方

　ビュッフェスタイルのパーティーだからといって、好きなように食事をするのはマナー違反です。立食であっても、立派なパーティーの1つですので細かなテーブルマナーが存在します。

ルール①	**同種類の料理は一皿に** 冷たいもの、温かいものとお皿を分けて、2～3種類ずつ盛り付ける。必ず食べられる量だけ取るようにする。食べ残しは、最もマナーが悪いとされているので、要注意。
ルール②	**料理をとったら離れる** 自分の分の料理を取ったらすぐにメインテーブルから離れる。料理を取る他の方々の邪魔になるので、メインテーブル周辺で食事はしない。気を利かせて他人の分まで料理を持っていくのは、テーブルマナーに反する行為。
ルール③	**ソースが多い場合は、一種類** 2～3種類を一皿に盛り付けるのが基本ですが、ソースがかかった料理は、お皿が汚れてしまうので、その都度お皿を替えるようにする。
ルール④	**自分で拾わない** ナイフ・フォークを落とした場合は、自分で拾わずにその場でウェイターを呼んで拾ってもらう。
ルール⑤	**食べ終わりも美しく** 食べ終わったお皿や空いたグラスは、サイドテーブルに置いておく。乱雑に置かず、簡単で良いのでお皿やカトラリーを重ねておくと好印象。

検定問題にチャレンジ！　＜3級＞

食事のマナーについて、以下の問いに答えなさい。
(1) 尾頭付きの焼魚の食べ方として、適切なものを1つ選びなさい。
　(A) 尾頭付きの魚は左側から箸をつけ、半身を食べ終わったら、そのまま骨の間から残りの身を丁寧に食べる。
　(B) 尾頭付きの魚は右側から箸をつけ、半身を食べ終わったら、箸で魚を裏返して残りの身を食べる。
　(C) 尾頭付きの魚は右側から箸をつけ、骨を少しずつ身からはずして、身の向こう側にまとめておく。
　(D) 尾頭付きの魚は左側から箸をつけ一口ずつ食べ進み、半身を食べ終わったら、尾から頭まで一続きに骨をはずして残りの身を食べる。

(2) お膳で吸物が出た際のお椀の蓋の扱いとして、適切なものを1つ選びなさい。
　(A) 蓋を取ったら、そのまま糸底が上になるようにして、膳の中に置いておく。
　(B) 蓋を取ったら裏返しにして膳の中へ置いておき、食べ終わったらお椀の上に裏返したまま蓋を戻す。
　(C) 蓋を取る際は、蓋を傾けて内側についている水滴を椀の中に落としてから、裏返しにして膳の外に置く。
　(D) 蓋を取ったら、そのまま糸底が上になるようにして膳の外に置き、食べ終わったお椀の蓋は、出された時の状態に戻す。

(3) 立食パーティーでの食事のマナーとして、適切なものを1つ選びなさい。
　(A) 会場内を移動する際は、右手に皿を持ち左手にグラスを持って歩き、参加者と積極的にコミュニケーションを図る。
　(B) 料理を盛り付ける際、皿、スプーン・フォーク類は毎回料理のテーブルに置いてある新しいものを使う。
　(C) 立ち話で足が疲れたので、小テーブルの横に椅子を持ってきて食事をした。
　(D) 何度も料理を取りにいくのは面倒なので、皿にバランスよく料理をできる限りたくさん盛り付けるようにする。

＜解答・解説＞
(1)　(D)　※日本料理のマナー　④料理のいただき方参照　P77
(2)　(C)　※日本料理のマナー　④料理のいただき方参照　P77
(3)　(B)　(A)移動する際、皿は小テーブルに一旦置きます。グラスを左手に持ち、右手は握手を求められた時のために空けておきます。

検定問題にチャレンジ！　＜準1級・1級＞

テーブルマナーついて、適切なものには〇を、適切でないものには×をつけなさい。
(1) 洋食のテーブルセッティングの基本は、中央にお皿、その右側にナイフとスプーン、左側にフォークを並べる。
(2) 食事中に中座するときは、ナプキンは椅子の上か背もたれに軽くたたんで置き、フォークとナイフはハの字にし、フォークは背を上向きにする。
(3) フランス料理のメニューでオードブルとは前菜、ソルベは口直しのシャーベットである。
(4) 骨付き肉を注文し、フィンガーボールが準備されたら骨を持って手で食べてもかまわない。食べ終わったら、片手ずつ指先を水の中で軽くこすり、洗い終わったらナプキンで拭く。
(5) パンは、パン皿の上で一口ずつ手でちぎって食べるのがマナーで、カジュアルな場であればスープに浸したり、魚や肉料理の残ったソースをパンにつけて食べてもかまわない。
(6) 懐石料理とは目にも鮮やかな豪華な食事のことであり、会席料理とは季節感を感じながら酒を楽しむための食事である。
(7) ワインをグラスに注いでもらう際は、グラスの脚を持ちグラスを持ち上げてから注いでもらう。乾杯の際は、グラス同士を合わせて音を立てて乾杯しないようにする。
(8) 懐紙は、指先や箸先の汚れをぬぐったり、汁気の多い食べ物の受け皿として使ったりと様々な用途がある。
(9) 立食パーティーでは、大勢の人と立って話をするので、会場を歩き回る際は飲み食いしながらでもかまわない。
(10) 割り箸を割る際は、お膳の上で割るのを避け膝の上で上下に割るようにし、ささくれがあれば、こすらず指で取るようにする。

＜解答・解説＞
(1) 〇　　(2) ×　　(3) 〇　　(4) ×　　(5) ×
(6) ×　　(7) ×　　(8) 〇　　(9) ×　　(10) 〇

7 冠婚葬祭

<第7章> 冠婚葬祭

冠婚葬祭

　冠婚葬祭は誰もが経験することであり、大人としてのマナーが問われる機会でもあります。だからこそ、出席者として失礼のないよう、ふさわしいマナーを習得することが大切です。

◆ 冠婚葬祭の予備知識 ◆

冠	人生の節目のお祝い 「冠」とは、賀寿・栄進・栄転など人生の中で巡ってくるお祝い事。
婚	新しい出発をお祝い 「婚」とは、婚礼のこと。
葬	人生最後の行事 「葬」とは、葬儀や会葬に関すること。
祭	日本に息づく伝統を祝う 「祭」とは、正月やお中元・お歳暮など季節の年中行事のこと。

♛ **ランクアップマナー　～慶事と弔事が重なってしまったら～**

　通常では、「弔事」を優先させることになっています。このような場合、すぐに先方に連絡し、「やむを得ない」などと理由をぼかしておき、後日説明することにします。また、身内の不幸でなければ、挙式と葬儀の時間が重ならない限り、両方出席してもかまいません。

◆ 慶事のマナー ◆

　ビジネスパーソンが関わる慶事は幅広く、大小さまざまな種類があります。そこで、「個人に関する慶事」と「会社関係の慶事」に分類して整理すると分かりやすいでしょう。

	主な慶事
個人	結婚・出産・新築・長寿・栄転・快気　など
会社関係	(新社屋の)竣工・落成・開店・開業・新社長就任・各種授賞式・上場　など

① 慶事に招待されたら

　プライベートでもビジネスの場でも、慶事に招待されたら速やかに出欠席の返事を出すようにします。いずれの慶事もなるべく出席することを心がけ、正しいマナーをもって臨みましょう。

＜結婚式の招待状＞

　招待状が届いたら、1週間以内に返事を出します。やむを得ない理由で返事が遅れてしまった場合は、電話でお詫びをし、出欠のいずれかを伝えます。また、欠席の場合は、返信用はがきに理由を記し、お祝いの言葉も多めに添えましょう。

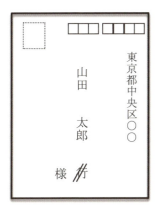

「行」は、2本の斜線または「寿」の文字で消し、左に「様」と書く。

【欠席の場合】
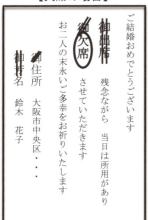

【出席の場合】

「御」は、2本の斜線または「寿」の文字で消し、「出席」もしくは「欠席」に〇をする。2本の平行線で「出席」もしくは「欠席」を消す。

お祝いの言葉を添える。

「御住所」の「御」は2本の斜線で、「御芳名」の「御芳」までを2本の平行線で消し、自分の住所と氏名を記入する。

冠婚葬祭

 ランクアップマナー　〜自分が招待する場合〜

　自分たちの結婚式に招待する場合は、招待状を挙式の約2か月前には発送できるように準備します。ただし、会社の上司や主賓、媒酌人には郵送ではなく手渡しするのが礼儀です。
　仲人をお願いする場合は、式の日時が決まる前に二人で出向いて依頼します。

② 受付での所作（結婚披露宴）
　挙式に招待された場合は開式の 15 分前までに、披露宴のみ招待された場合は 30 分前には会場に到着しているようにします。式場に入る前には、身だしなみを整え、トイレも済ませておきましょう。式での中座は最も失礼な行為です。

１．あいさつ
　新郎新婦どちらの招待客かを述べ、あいさつを一言添えて一礼します。
　「本日は、おめでとうございます。お招きいただきました〇〇と申します。」
２．芳名帳に記帳
　新郎新婦どちらか招かれた側の芳名帳に記入し、席次表を受け取ります。
３．祝儀袋を渡す
　祝儀袋を両手で持ち、表書きが受付側に向くように持ち替え、一言添えて渡します。
　「心ばかりのお祝いです。お納めください。」

③　ドレスコード
　ドレスコードとは、服装指定のことです。格式に応じて、会場の雰囲気を損なわないために、場所や時間帯に応じて求められる身だしなみです。

	男性(昼)	男性(夜)	女性(昼)	女性(夜)
正礼装	モーニング・コート	燕尾服 （ホワイトタイ）	アフタヌーンドレス	イブニングドレス
準礼装	ディレクターズ・スーツ	タキシード （ブラックタイ）	セミアフタヌーンドレス	カクテルドレス
略礼装 （平服）	ダークスーツ・ラウンジスーツ		ワンピース・ツーピース	

 ランクアップマナー　～平服とは？～
　結婚式や披露宴の招待状などに「ドレスコードは平服（へいふく）」と記載されていることがありますが、これは正礼装に対しての言葉で「略礼装」の意味です。決して、カジュアルな普段着やジーンズは着用しないでください。ビジネススーツとして普段着用しているダークスーツでも、立襟のシャツに蝶ネクタイやアスコットタイ、ポケットチーフといった礼装用の小物を使ったコーディネートで略礼装になります。

◆ 弔事のマナー ◆

弔事は基本的に突然聞かされることが多いですが、様々なルールやタブーがあります。迅速な応対を心がけ、宗教によって弔い方などが異なりますので、気をつけましょう。

① 訃報を聞いたら

親交の深さで対応を判断するようにします。仕事関係者の訃報の場合、独断で香典や供物の手配をするのは慎み、会社の指示に従うようにします。

	対応
親族・親しい間柄	すぐに弔問に駆けつける。
仕事関係者・取引先	まずは上司に報告し、会社の指示に従う。手伝いをするにしても、会社の判断に任せる。
友人・同僚	すぐに弔問に駆けつける。

こんな時どうする？ Q&A

Q. 弔問に参列できないので、遺族にお悔やみの言葉を直接電話で伝えたい。どうしたらよいですか？
A. どんなに親しい間柄であっても避けるべきです。携帯やパソコンのメールも同様です。遺族は、通夜や葬儀の準備で多忙であり対応できません。お悔やみの言葉は、弔電を送るようにします。

Q. 通夜・葬儀などに参列できません。どうしたらよいですか？
A. 喪主宛に弔電を送りましょう。香典は現金書留で送ります。

Q. 慶事と重なって、通夜・葬儀などに参列できません。どうしたらよいですか？
A. 通夜・葬儀を優先させます。

Q. 弔電を送るのに、喪主がわからない時はどうしたらよいですか？
A. 上記同様、電話で遺族に確認してはいけません。喪主を確認したい場合は、通夜や告別式の会場に式の時間帯や連絡先などを直接聞きましょう。それでも不明な場合は、宛名を「ご遺族様」として弔電を送っても失礼になりません。

Q. 病気で弔問に参列できません。代理人を立ててもよいですか？
A. 自分が病気や高齢のため弔問に伺えない時は、代理人を立てます。代理人が見つからない場合は、ひとまず弔電を送り、後日先方の都合を聞いてお参りに伺ってもよいでしょう。

② 香典

香典は、弔事に出席する際に持参します。金額は、故人と自分との関係の深さによって変わります。香典は、必ず宗教や宗派に適した不祝儀袋に入れて手渡します。

＜表書き＞

	不祝儀袋	水引き	表書き
共通	・白無地	黒白または双銀の結び切り、もしくはあわじ結び	御霊前
仏式	・白無地 ・蓮の花の絵がついたもの		御香典 御香料　など
神式	・白無地	（結び切り・あわじ結び）	御玉串料 御榊料 御神饌料　など
キリスト教式	・十字架やユリの絵がついたもの ・白無地 ・白い封筒	黒白または双銀の結び切り、もしくはあわじ結び（封筒の場合は、水引不要）	御花料（プロテスタント） 御ミサ料（カトリック） など

③ 通夜・葬儀での所作

遺族に失礼のないよう、きちんとしたマナーでお別れをしましょう。時間通りに式場に到着し、喪主や遺族と目があっても声はかけず、軽く黙礼をします。葬儀や告別式の場合は、出棺まで参列するのが礼儀です。

1．受付・記帳

一礼し、お悔やみの言葉を述べる。※お悔やみの言葉は、宗教によりタブーとされる言葉があるので注意。(P97参照)

「このたびはご愁傷様でございます。」（仏式）

「お知らせいただき、ありがとうございます。」（キリスト教）

2．香典を渡す

両手で持ち、表書きが受付側に向くように持ち替えて渡します。

通夜と葬儀両方に参列する場合は、通夜で香典を手渡し、葬儀などでは記帳のみします。

> 👑 ランクアップマナー　～ 上司の代理人として参列した場合 ～
>
> 受付で芳名帳に上司の名前を書き、その下に（代）と書きます。名刺を差し出す場合は、上司の名刺の右上に「弔」、自分の名刺には「代」と書き、両方とも受付に渡します。

④ 宗派ごとの焼香・献花
　宗教によって弔い方が異なります。どの宗教の弔事に出席してもふさわしくふるまえるよう、知識・作法を覚えておきましょう。

＜仏式＞
　仏式では、焼香と合掌で死者への弔いをします。香には「線香」と「抹香」があり、通夜では線香を、葬儀・告別式では抹香をたくのが一般的です。

● 立礼焼香
　1．遺族・僧侶に一礼
　　順番が回ってきたら祭壇の前で遺族、僧侶に一礼します。
　2．合掌
　　遺影に向かって一礼し、合掌します。
　3．焼香
　　①左手に数珠を持ち、右手の親指と人差し指、中指の3本で抹香をつまみます。
　　②頭を軽く下げながら、つまんだ抹香を眉間の高さに上げ、香を香炉へ落とします。
　　①・②の流れを1回〜3回程度行います。弔問客が多い場合は、1回の場合もあります。
　4．合掌
　　再度、遺影に向かって合掌し、一礼します。
　5．遺族・僧侶に一礼
　　再度、遺族、僧侶に一礼して自席に戻ります。

● 回し焼香
　1．合掌
　　香炉が回ってきたら正面に置き、次席の方へ「お先に失礼します」の意味で会釈をし、祭壇に向かって合掌します。
　2．焼香
　　①左手に数珠を持ち、右手の親指と人差し指、中指の3本で抹香をつまみます。
　　②頭を軽く下げながら、つまんだ抹香を眉間の高さに上げ、香を香炉へ落とします。
　　①・②の流れを1回〜3回程度行います。弔問客が多い場合は、1回の場合もあります。
　3．合掌
　　再度、遺影に向かって合掌し、一礼します。
　4．香炉を回す
　　両手で香炉を持ち、次の人へ回します。

冠婚葬祭

<神式>

右図のような「玉串」という榊の枝に、「四手」という紙を下げたものを祭壇に捧げるのが神式の弔い方です。葬儀の前に行う手水の儀などの神式独自の儀式がありますので、それぞれの作法を覚えておきましょう。
神式では、数珠は使用しません。

● 手水（ちょうず）の儀

神式の通夜や葬儀・告別式などの前に、式場に入場する参列者の身を清めるために行われる儀式です。

1．左手に水をかける
　ひしゃくで水をくみ、左手に3分の1をかけます。
2．右手に水をかける
　ひしゃくを持ちかえて、右手に3分の1をかけます。
3．水を口に含む
　ひしゃくを右手に持ちかえて、左手に少し水をくみ口に含みます。
4．柄を清める
　左手に水をかけ、ひしゃくを立てて柄を清め、懐紙やハンカチで口と手を拭きます。

● 玉串奉奠（たまぐしほうてん）

1．玉串を受け取る
　遺族に会釈し、神官に一礼して玉串を受け取ります。
　右手は玉串の根元近くを上から包むように持ち、
　左の手のひらを上に向けて葉の部分を持ちます。
2．祭壇に進む
　玉串の葉が祭壇に向くように、まず右手で持っている根元を
　手前にして玉串を縦に持ち直します。祭壇の前で一礼します。
3．玉串案（玉串をのせる台）の上に置く
　左手を玉串の根元の方へ下げて持ち、玉串を時計回りに回転
　させて向きを変え、葉先を手前にして供えます。
4．二礼二拍手一礼
　正面を向いたまま1～2歩退き、二礼二拍手をします。最後に祭壇に向かって一礼します。
　※ 柏手は「忍手（しのびて）」といって、音を立てずに打つのがしきたりです。
5．遺族・神官に一礼
　再度、遺族、神官に一礼して自席に戻ります。

＜キリスト教式＞
　キリスト教式の葬儀では、故人との別れの儀式として「献花」が行なわれます。カトリック、プロテスタントどちらでも行なわれます。献花に使われる花は、菊やカーネーションのように茎が長いもので、花の色は白と決められています。

● 献花
 1．花を受け取る
　　順番が回ってきたら祭壇まで進み、遺族に一礼します。
　　花の部分が右側にくるようにして、両手で係の人から
　　花を受け取ります。
　　※ 花を受け取る際は、右の手のひらは上向きに、
　　　 左の手のひらは下向きになるようにします。

 2．祭壇に進む
　　花を両手で持ったまま献花台の前に進み、祭壇に向けて一礼します。
 3．献花台の上に置く
　　根元が祭壇の方に向くよう時計回りに回転させて花を持ち替え、
　　左手を下から花に添えて献花台の上に置きます。

 4．手を合わせて黙とう
　　手を合わせて黙とうするか、深く一礼します。
　　※ 黙とうの際、カトリックでは十字を切り、プロテスタントでは胸の前で手を
　　　 組みますが、信者以外は、ふつうに手を合わせて黙とうしても構いません。
 5．遺族に一礼
　　再度、遺族に一礼して自席に戻ります。

＜忌み言葉＞

直接的な表現
「死亡」→「ご逝去」
「ご生存中」→「ご生前」
「生きているころ」→「お元気なころ」　　など

重ね言葉
重ね重ね、たびたび、またまた、重々、いよいよ、再三、再四、ますます、しばしば、なお、再び、続く、追って、次々　　など

仏教用語
神式・キリスト教式では、仏教用語は使いません。
「ご冥福をお祈りいたします」
　　→「安らかなお眠りをお祈り申し上げます」

成仏、供養、冥福、往生、お悔やみ

冠婚葬祭

◆ 贈答マナー ◆

日常生活のさまざまな場面で、慶事や弔事に関わるものや記念日、行事またお中元やお歳暮など贈答を交わす機会は多くあります。

① お中元とお歳暮

お中元とお歳暮は、半年に一度お世話になっている人に贈り物をする習慣です。

贈る時期	お中元：お盆までに贈るのが基本。 　　　・関東⇒7月1日〜15日頃　　・関西⇒7月中旬〜8月15日頃 お歳暮：12月初旬から25日頃まで
水引き 表書き	水引き：紅白蝶結び、のし付 表書き：「御中元」または「御歳暮」　※ 差出人の名前は表書きよりもやや小さめに
届け方	正式には、先方へ訪問して直接渡します。 現在では、購入先から直接配送するのが一般的です。
贈り方	基本的にお中元を贈ったら、お歳暮も贈る。 もし、一方だけを贈るのであれば、お歳暮のみ贈る。

こんな時どうする？ Q&A

Q．あげていない相手から贈られてきた
A．お中元やお歳暮は、お返ししなくても失礼にはなりません。礼状を書き、さらに次回会った時にお礼を伝えましょう。

Q．うっかり贈り忘れていた
A．贈る時期を逃してしまっても表書きを変えれば問題ありません。お中元であれば「暑中御伺」、立秋に入っていたら「残暑御伺」、お歳暮であれば年明けまで待って「御年賀」、1月7日〜立春までは「寒中御伺」として贈ります。

Q．相手が喪中の場合は贈ってはダメ？
A．お中元やお歳暮は、いつもお世話になっている感謝のしるしに贈るので、相手が喪中であっても問題ありません。だたし、派手な包装や水引、おめでたい内容のものは避けましょう。

② お見舞い・お祝い

　お見舞いやお祝いは必ずしも必要というわけではありませんが、お見舞いやお祝いの品はとてもデリケートです。場違いな贈り物をしないように注意しましょう。

タイミング	お祝い：贈る前に確認をとること。 （例）栄転祝いを贈ったが話がなくなってしまった…、ということがないように。 お見舞い：相手の状態を確認してから判断する。
水引き	何回あっても良いお祝い：蝶結び 婚礼など一度のみのお祝い：結び切り お見舞い：結び切り（シンプルな白封筒でも可）
渡し方 （手渡し）	①アポイントを取る（本来なら午前中ですが、相手の都合を優先） ②部屋に通されてから渡す
その他	・現金を贈る 　基本的に目上の人に現金を贈るのは失礼です。 ・連名で贈る 　職場の同部署全員で贈る際など4名以上の場合は、差出人の箇所に代表者氏名を書き、左横に「外一同」と書く。別紙に全員の名前を書いて同封する。

＜一般的な品物の選び方とタブー＞

　お見舞い・お祝いともに贈ると失礼にあたる品物があります。しかし、双方で了解がとれているのであれば、神経質になることもありません。相手の欲しいものを贈るのが一番です。

	適した品物	タブーの品物
結婚祝い	ステンレス製の調理器具（鍋・ボウルなど） タオル・寝具・写真立て・ワイン　など	ナイフ・包丁（「切れる」を連想させるもの） 陶器（「割れる」を連想させるもの）
出産祝い	ベビー服・おもちゃ・人形・おむつ　など	ベビーベットなどの大きなもの
新築祝い	時計・花・卓上小物・食器類　など （インテリアは相手の趣味を考えて…）	ストーブ・キャンドル・赤一色の花 （「火」を連想させるもの）
快気祝い	菓子折り・洗剤などの消耗品	特になし。相手の負担を考えて、高価すぎるものはタブー
お見舞い	アレンジメントフラワー・本／雑誌・フルーツ・現金　など （食べ物の場合は、相手の体調を考えて…）	鉢植えの花（根付く＝寝付く）、香りの強い花
災害見舞い	相手の欲しいものを直接聞いて贈る	－
陣中見舞い	気軽につまめる食べ物（おにぎり・スイーツ）	－

冠婚葬祭

③ 金包みとお金の入れ方

慶事には、できるだけ新しいお札を用意し、人物の顔が表の上になるように入れます。弔事には、新しいお札を避け、人物の顔が裏の下側になるように入れます。

	中包み		上包み
慶事	表：中央に金額 裏：左側に住所・氏名		上向き （下の折り返しが手前）
弔事	表：無地 裏：右側に金額、左側に住所・氏名		下向き （上の折り返しが手前）

④ 袱紗（ふくさ）の包み方

お祝い事やお悔やみ事の際に持参する金封は、袱紗に包んで持参するのが礼儀です。先方の「お気持ち」や「まつりごと」を大切に考え、日本独特の礼儀を重んじる考えからきているものです。

<慶事>

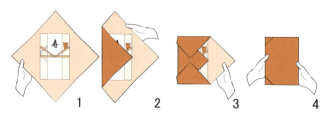

	袱紗の色
共通	紫色
慶事	赤色・朱色・エンジ色
弔事	緑色・藍色・鼠色

<弔事>

◆ 冠婚葬祭・豆知識 ◆

赤ちゃんの祝い事	
帯祝い	妊娠5か月目の戌の日に妊婦が腹帯を巻き、安産を祈る儀式。
お七夜	一般的に誕生から数えて7日目に命名式を行い、成長を願う。
お宮参り	一般的に生後1か月頃、赤ちゃんが無事幸せに成長することを祈る儀式。
お食い初め	生後100日目に行われ、一生食べ物に困らないように願う。

長寿の祝い	
還暦	60歳（数え年61歳）のお祝い
古希（古稀）	70歳のお祝い
喜寿	77歳のお祝い
傘寿	80歳のお祝い
米寿	88歳のお祝い
卒寿	90歳お祝い
白寿	99歳のお祝い

旧暦			
睦月	1月	文月	7月
如月	2月	葉月	8月
弥生	3月	長月	9月
卯月	4月	神無月	10月
皐月	5月	霜月	11月
水無月	6月	師走	12月

節句		
人日 七草の節句	1月7日	七草粥を食べて邪気を払い、無病息災を願う。
上巳の節句 桃の節句	3月3日	江戸時代以降は、「ひな祭り」として庶民にも定着し、女子の節句とされた。
菖蒲の節句 端午の節句	5月5日	薬草摘みを行い、摘んだ菖蒲を門口に飾って、立身出世を願い幟や兜飾りを行うようになった。
七夕の節句 笹の節句	7月7日	中国から伝わった牽牛星と織女星の星祭りが伝説のもと。
重陽の節句 菊の節句	9月9日	中国で菊の花を飾り、丘などに登って邪気を払い、長寿を祈る風習が日本に伝わったもの。

検定問題にチャレンジ！　＜2級＞

冠婚葬祭について、以下の問いに答えなさい。

(1) 男性の昼の正礼装にあたるドレスコードとして、適切なものを1つ選びなさい。
　(A) 燕尾服　　　　(B) タキシード　　　　(C) モーニング・コート
　(D) ディレクターズ・スーツ

(2) 一般的に一家が末永く栄えるようにとの願いを込めて贈られる結納品として、適切なものを1つ選びなさい。
　(A) 高砂　　(B) 友白髪　　(C) 末広　　(D) 熨斗

(3) 「笹の節句」と言われる行事として、適切なものを1つ選びなさい。
　(A) 節分　　(B) 七夕　　(C) お盆　　(D) 正月

(4) 77歳の長寿の祝いの呼称として、適切なものを1つ選びなさい。
　(A) 白寿　　(B) 傘寿　　(C) 古希(古稀)　　(D) 喜寿

(5) 結納儀式の際、新郎側が新婦側に対して贈る結納金の表書きとして、適切なものを1つ選びなさい。
　(A) お花料　　(B) 御経料　　(C) 御袴料　　(D) 御帯料

(6) 90歳の長寿の祝いの呼称として、適切なものを1つ選びなさい。
　(A) 傘寿　　(B) 喜寿　　(C) 米寿　　(D) 卒寿

(7) 「人日の節句」の風習として、適切なものを1つ選びなさい。
　(A) 七草粥を食べる　　　　　　　　　　(B) 雛人形やその調度類を飾る
　(C) 五色の短冊に願い事を書き笹竹に飾る　(D) 粽(ちまき)や柏餅を食べる

(8) 旧暦3月の呼称として、適切なものを1つ選びなさい。
　(A) 弥生　　(B) 如月　　(C) 睦月　　(D) 卯月

＜解答・解説＞
(1)　(C)　※慶事のマナー　③ドレスコード参照(P92)
(2)　(C)　一対になった純白の扇子です。純白は純潔・潔白を示し、扇を広げた末広がりの形は一家繁栄の願いが込められています。(A)尉(じょう)と姥(うば)の人形です。主に関西の風習で共に白髪になるまで夫婦仲睦まじくという願いが込められています。(B)白い麻糸の束です。夫婦ともに白髪になるまでという長寿の願いと、麻糸のように強い絆で結ばれる願いが込められ

ています。　(D)現代では贈り物に対する祝意が込められていますが、もともとは「のしあわび」と言い、あわびを薄く伸ばした物でした。昔からあわびは貴重な食材で、不老長寿を象徴しています。

(3)　(B)　※冠婚葬祭・豆知識　参照(P101)
(4)　(D)　※冠婚葬祭・豆知識　参照(P101)
(5)　(D)　昔は男性から女性へ帯地を、女性から男性へ袴地や酒などを添えて贈っていたことから、現代では帯に代えて「御帯料」として結納金を包みます。(A)キリスト教の通夜、葬儀、法要時に喪家に対して贈る弔慰金の表書きです。(B)お経をあげていただいた寺院や僧侶に対して贈る謝礼の表書きです。(C)結納儀式の際に新婦側が新郎側に対して贈る結納返しの表書きです。
(6)　(D)　※冠婚葬祭・豆知識　参照(P101)
(7)　(A)　※冠婚葬祭・豆知識　参照(P101)
(8)　(A)　※冠婚葬祭・豆知識　参照(P101)

接客英語

<第8章> 接客英語

接客英語

外国からのお客様に接する機会は今後ますます増えてくるでしょう。接客英会話で注意すべきことは、友達と話すような英語は使わないことです。基本を押さえて、シンプルかつ丁寧な会話で楽しく笑顔で応対できるようにしましょう。

◆ 基本のマナー ◆

① 友達と話すような英語は使わない

（例）

	名前を聞く	
×	What's your name?	名前は？
○	May I have your name, please?	お名前を教えていただけますか？
	案内する	
×	Over here, please.	こっちに来て。
○	Could you come this way, please?	こちらへどうぞ。
	伺う	
×	Do you want some tea?	お茶は？
○	Would you like some tea?	お茶はいかがですか？

② 場面に応じて、適切な丁寧さの表現を使う

仕事で上司やお客様に何かを頼まれたときに言う「わかりました」には、丁寧な度合いの異なる表現がありますので、整理して覚えておくとよいでしょう。

> 「わかりました」（右に行くほど丁寧な度合いが高くなる）
> OK. < All right. < Sure. < No problem. < Of course. < Certainly.

※ 「かしこまりました。」に相当する最も丁寧な表現は、"Certainly." です。

③ "I don't know" は使わない

もしも、何かを尋ねられて自分では分からない時は、以下のような表現を使いましょう。

⇒ Just a moment, please. I'll check that for you.
　　（少々お待ちいただけますか。お調べいたします。）

◆ 接客英語で用いる質問文 ◆

フォーマルな英語表現の質問形の基本は以下の６つのパターンです。

① "May I…?"

丁寧なフレーズでいろいろな場面で使用することができます。"Can I～"でも間違いではありませんが、お客様には"May I～"で対応するのがベターです。

（例文）

①May I help you?

②May I have your ticket, please?

③May I ask where you are from?
　May I ask if you already have a ticket?

② "Would you mind…?"

日本語の「恐れ入りますが…」のニュアンスを含めた依頼文です。

> Would you mind + ～ing（動名詞）？

（例文）

Would you mind repeating it/ saying it again slowly, please?

Would you mind purchasing your ticket at the ticket counter over there?

Would you mind pulling down the blind?

= "If you don't mind, would you pull down the blind?"

（恐れ入りますが、ブラインドをお閉めいただけますでしょうか.）

"If you don't mind, would you～"は目上の人や知らない人に言う上品な言い方です。

③ "Could you (please)…?"
　お客様に何かお願いする時の表現です。

　（例文）
　Would you please sign here?
　　＝Would you sign here, please?

　Could you please say that again?

④ "Would you like…?"
　お客様の好みやさりたいことを聞く時の表現です。

　（例文）
　Would you like a cup of coffee?
　Would you like to pay in cash or by credit card?

⑤ "Would you prefer…?"
　できる限りお客様のご希望をお伺いする時の表現です。
　　（ご希望に沿えるかどうかは別として）

　　　| Would you prefer ＋ A ＋ or ＋ B |

　（例文）
　Would you prefer a twin or double?
　Would you prefer the smoking section or the non-smoking section?

⑥ "Would you be willing to…?"
　（あまりやりたくないことでも）進んで…する。「本当はしたくないが、〜する」「…してもかまわない」の意が含まれるので、お客様にご協力願う時に用いることがあります。

　　　| Would you be willing to ＋ 動詞 |

　（例文）
　Would you be willing to travel separately, if two seats do not become available?
　　＝Would you be kind enough to 〜?

◆ **基本表現** ◆

【挨拶】

- Good morning, sir / ma' am.
    ※お客様に対しては、どんなに短い会話であっても付け加えることで丁寧な印象を与えます。
    男性客には "sir"、女性客には "ma' am" をつけます。 ma' am は年齢に関係なく使います。
- May I help you? （訳：いらっしゃいませ。お伺いいたしましょうか。）
    ＝How may I help you?
    ＝What can I do for you today, ma' am/sir? ※高級品店ではこの言い方が望ましいです。
- Are you looking for anything in particular? （訳：何かお探しでしょうか。）
- If there is anything we can do for you, please let us know.
    （訳：何かご用がございましたらご遠慮なくお申し付けください。）

【お礼】お客様に何かお願いした時には必ずお礼を申し上げることが必要

- Thank you, sir.
- Thank you for waiting. （訳：お待たせいたしました。）
- Thank you for your cooperation. （訳：ご協力ありがとうございます。）
- Thank you for choosing ABC hotel. （訳：ABC ホテルをご利用いただきありがとうございます）

【返答】

- Just a moment, please. （訳：しばらくお待ちください。）
- Sure. ＝Certainly, sir. （訳：かしこまりました。）
    ※高級品店では "Certainly." が望ましいです。
- You're welcome ＝Not at all. ＝It's my pleasure. （訳：どういたしまして。）
- I see. ＝I understand. ※相槌を打つ時

【お客様の言っていることが聞き取れない時】

- I beg your pardon? （訳：もう一度おっしゃっていただけますか。）
    ＝Could you please repeat that? ／ ＝Could you please say that again?
- Could you please speak slower? （訳：もう少しゆっくりお話いただけませんでしょうか。）

【謝罪・断り】

- We're very sorry, but there are not any rooms available for that day.
    ＝I'm afraid that there are not any rooms available for that day.
    （訳：申し訳ございませんが、あいにくその日は満室でございます。）
- We're sorry for the inconvenience. （訳：ご迷惑おかけいたしまして申し訳ございません。）
- I'm sorry to have kept you waiting. （訳：お待たせいたしまして申し訳ございません。）
- I apologize for not meeting your request. （訳：ご希望に沿えなくて申し訳ございません。）

◆ シチュエーション別　基本フレーズ ◆

① レストラン

お出迎え（挨拶）	Good morning.（おはようございます。）　Good afternoon.（こんにちは。） Good evening.（こんばんは。）
-	How many people? ＝ How many are in your party?（何名様ですか？）
満席の場合	I am so sorry, there is no table available now. We will have to ask you to wait. （申し訳ありません。只今、満席なので、お待ち頂くことになります。） There is a waiting time of 10 minutes or so.（待ち時間は10分程です。） Could you wait about 5 minutes, please?（5分程お待ちいただけますでしょうか？）
案内する	We have a table for you now.　This way, please. （お客様のお席がご用意出来ましたので、どうぞこちらへ。）
オーダー	Please let me know when you have decided.（お決まりになりましたらお呼びください。） May I take your order?（ご注文よろしいですか？）
食事中	Will there be anything else?（追加のご注文は、いかがですか？） Would you like some more ～?（～のおかわりは、いかがですか？） Excuse me, may I take your plate?（失礼いたします。お下げしてもよろしいでしょうか？）
お見送り	Are you enjoying your meal?（お料理は、いかがでしたか？） Hope to see you again.（どうぞ、またお越しください。）
その他の表現	When would you like to have your coffee? Before the meal? Or after the meal? （コーヒーは、いつお持ち致しましょうか？食前でしょうか？食後でしょうか？） Would you like a high chair for you?（お子様の椅子をお持ちいたしましょうか？） We are taking last orders for food (drinks).　Will there be anything else? （お食事（お飲み物）のラストオーダーですが、ご注文はございますでしょうか？）

② ホテル（チェックイン）

お出迎え（挨拶）	Welcome to our hotel.（当ホテルへようこそ。） Good morning.（おはようございます。）　Good afternoon.（こんにちは。） Good evening.（こんばんは。）
予約の有無	Do you have a reservation?　Is the reservation done?（ご予約なさっていますか？） May I have your name, please?（お名前を教えていただけますか？）
予約の確認	Your reservation is for two nights from today, departing March 10? （ご予約は、本日より2泊、3月10日ご出発ですね） Two people for a twin room, with ocean view? （ツイン2名様、オーシャンヴューのお部屋ですね）

手続き	Would you fill out the registration card? 　= Please fill in this registration form.（宿泊カードにご記入ください。） May I see your ID card?（身分証明書を確認させて頂けますか？）
前払い	Will you make payment by credit card?（お支払いは、クレジットカードですか？） How would you like to pay, cash or card(charge)? 　（お支払いは、現金ですか？クレジットカードですか？）
案内	Your room number is 745. This is the room key. 　（お部屋の番号は、745号室でございます。こちらがお部屋の鍵です。） Could you wait for a moment, please? We will take you to the room now. 　（少々お待ちいただけますか。ただ今、係りの者がお部屋までご案内いたします。）
満室	I'm sorry, sir/ ma'am. We are fully booked. Unfortunately, we have no rooms available. 　（申し訳ありません。あいにく、空いている部屋はございません。）
お見送り	Enjoy your stay.（ご滞在をお楽しみ下さい。）
その他の表現	Breakfast is included in the room rate.（ご朝食は料金に含まれております。） Please take that elevator over there.（あちらのエレベーターをご利用ください。）

③ ショッピング

お出迎え（挨拶）	Hello. May I help you?（こんにちは。いらっしゃいませ。） Hi. / Hello.　＊必ず返事をします。
店内にて	I'm just looking, thank you.（見ているだけです。ありがとう。） I'm looking for ～. Do you have them?（～を探しています。ありますか？） I'm sorry, they are out of stock.（申し訳ございません、在庫切れでございます。） I'm sorry, we don't carry them.（申し訳ございません。取り扱っておりません。） Can I pick it up?（手にとっても良いですか？） May I see this(that)?（これ(あれ)を見せてください。）
試着	Would you like to try this on?（ご試着なさいますか？） May I try this on?（試着しても良いですか？） I like it, but it's too big(small) for me. 　（気に入りましたが、私には大き(小さ)すぎます。） Do you have smaller(bigger) one?（小さい(大きい)のはありますか？） This fits me.（ぴったりです。）
支払い	Can I pay by credit card?（支払いはクレジットカードでできますか） Can I buy it tax free?　May I have the tax refund form? 　（免税で買えますか？　免税の手続き用紙をください。） May I please have a receipt?（領収書をいただけますか？）

接客英語

④ 空港・飛行機

チェックイン	Hello. May I help you? （こんにちは。いらっしゃいませ。） I'd like to check in. We want to sit next to each other. （チェックインを隣同士の席でお願いしたいのですが。） Which would you like window seat or aisle seat? （窓側と通路側、どちらのお座席がよろしいでしょうか？）
入国審査	May I see your passport, please? （パスポートを拝見しても良いですか。） Here you are. （はい、どうぞ） What's the purpose of your visit? （入国の目的は何ですか？） Sightseeing. Business. Just passing through. （観光です。仕事です。乗り継ぎです。） How long will you be staying in this country? （どのくらい滞在しますか？）
機内	Where is my seat? （私の席はどこですか？） My bag doesn't fit in the overhead compartment. （荷物が上の棚に入りません。） May I recline my seat? （(後ろの席の方へ)座席を倒しても良いですか？） Please fasten your seat belt. （シートベルトをお締めください。） Please refrain from using mobile phone. （携帯電話のご使用はご遠慮ください。） Please return your seat to the upright position. （座席をもとの位置にお戻しください。） Would you like to have something to drink? （何かお飲み物はいかがでしょうか？）
荷物の受け取り	My baggage is damaged. （私のスーツケースが壊れています。） I can't find my baggage. （私の荷物が見つかりません。） Please show me your baggage claim tag. （荷物預け証をご提示ください。） What does your baggage look like? （どのような荷物ですか？）

検定問題にチャレンジ！　＜3級＞

(1) （切らずに）そのままお待ちください。（電話を取り次ぐとき）
　　（　　　）on please.

　　(A) Stay　　(B) Give me time　　(C) Hold　　(D) Wait

(2) 弊社のウェブサイトをご覧ください。
　　Please (　　) our website.

　　(A) go　　(B) look　　(C) visit　　(D) see

(3) 1-800-XXX-XXX までお電話ください。
　　Please call us (　　) 1-800-XXX-XXX.

　　(A) at　　(B) to　　(C) for　　(D) on

(4) 明日の１１時までに予約の確認をおねがいします。
　　Please confirm your reservation (　　) 11am tomorrow.

　　(A) in　　(B) by　　(C) for　　(D) on

(5) ホテルスタッフ：いかがなさいましたか？
　　ゲスト：コンシェルジュデスクを探しています。
　　Hotel Staff: How may I help you?
　　Guest: I am (　　) for concierge desk.

　　(A) in need　　(B) searching　　(C) finding　　(D) looking

接客英語

＜解答・解説＞

(1) (C)「hold」は「持つ」という意味があります。電話を切らずにそのまま待つという意味の電話での決まり文句です。wait は間違いではありませんが、このまま待つのか、一度切るのか、不明になります。

(2) (C)「ウェブサイトをご覧ください」という場合、visit を用います。決まり文句ですので、覚えておくと良いでしょう。パンフレットやチラシ等には使いません。

(3) (A) 電話番号を伝える時の前置詞は at です。

(4) (B)「〜時までに」など「いついつまでに」という期限を表す前置詞は by が適切です。

(5) (D)「〜を探している」という熟語です。物や場所に対して頻繁に使われ、お客様から言われることが多い言葉の一つです。

 検定問題にチャレンジ！ ＜2級＞

次の状況にあわせた英文になるように、下の(A)〜(E)を使って下線部分を作成すると1つだけ使わないものがあるが、それはどれか答えなさい。

(1) お客様に「お手洗いは廊下の突きあたりでございます。」と伝えましょう。
　 The restroom is _____ hall way.

　　(A) of　　(B) towards　　(C) the　　(D) end　　(E) at

(2) あと10分で一般のお客様のご搭乗を始めます。
　 We would like to _____ 10 minutes.

　　(A) begin　　(B) general boarding　　(C) in　　(D) with　　(E) our

(3) 客室乗務員が窓側のお客様にブラインドを下ろしていただくよう依頼したいとき
　 _____ the blind?

　　(A) pull down　　(B) if　　(C) you don't mind,
　　(D) why don't you　　(E) would you

(4) お客様に「もう少し早く出発したほうがいい」とアドバイスしたいとき

　　_____ leave a few minutes early.

　　　(A) want　　(B) you　　(C) to　　(D) might　　(E) have

<解答・解説>
(1) (B) The restroom is at the end of hall way.
　　「～の突き当たり」は「at the end of ～」と表現します。
(2) (D) We would like to begin our general boarding in 10 minutes. 「あと～分で」という言い回しの前置詞は、in です。
(3) (D) If you don't mind, would you pull down the blind? 「If you don't mind, would you ～」は、目上の人や知らない人に言う上品な言い方です。
(4) (E) You might want to leave a few minutes early. 「might want to」は「have to」、「need to」のような強い調子の言い方ではなく、柔らかい印象を与えます。

 検定問題にチャレンジ！　<準1級・1級>

Read the dialogue, and fill in the blank by using the most suitable words "(A)～(H) from the list given below.

Call to make an appointment :

Mori : Good Morning, this is Mori Hiroshi from ABC Company.
　　　Could you (①) me through to Janet Sunday, please?
Secretary : Good Morning, Mr.Mori. Please hold while I (②) you over to Ms.Sunday.

Mori : Good Morning, Mori Hiroshi speaking.
Sunday : Hi, this is Janet Sunday.
Mori : Is it (③) for you to discuss a meeting schedule right now?
Sunday : Yes, no problem.
Mori : How is your next week schedule?

Sunday : Umm…, I will be (④) on a business trip for the first half of the week, so that's not an option. But I will (⑤) be back on Wednesday morning. How about Wednesday afternoon?
Mori : I'm sorry. I can't make it Wednesday afternoon. Would Friday afternoon be all right?
Sunday : That will be fine.

> (A) away   (B) definitely   (C) transit   (D) put
> (E) speak   (F) transfer   (G) convenient   (H) uncertainly

---

<解答・解説>

① (D) put ～ through to …は、「～の電話を…につなぐ」という意味です。
② (F)
③ (G) Is it convenient for you～は、都合を伺う時の常套句です。
④ (A)
⑤ (B)

接客サービスマナー　ベーシックマニュアル　【改訂版】

発行日　／　2025年 4月10日　　第1刷
監修者　／　NPO法人日本サービスマナー協会　理事長　澤野　弘
編集者　／　壷井みづほ
発行者　／　澤野　弘
発行所　／　NPO法人日本サービスマナー協会
　　　　　　【大阪本部】　〒540-0012　大阪市中央区谷町2丁目1-22　フェアステージ大手前ビル5階
　　　　　　　電話：06-6809-4141　ファックス：06-6943-0047
　　　　　　【東京本部】　〒104-0061　東京都中央区銀座7丁目15-5　共同ビル4階
　　　　　　　電話：03-6278-7051　ファックス：03-6278-7032
　　　　　　【名古屋支部】〒461-0001　愛知県名古屋市東区泉1-14-3　HASEGAWAビル4階
　　　　　　　電話：052-684-8271
　　　　　　【福岡支部】　〒810-0001　福岡県福岡市中央区天神4丁目1-17　博多天神ビル5階
　　　　　　　電話：092-724-7091
発売所　／　株式会社清文社
　　　　　　〒112-0002　東京都文京区小石川1丁目3-25　小石川大国ビル
　　　　　　電話：03-4332-1375　ファックス：03-4332-1376
　　　　　　〒530-0041　大阪府大阪市北区天神橋2丁目北 2-6　大和南森町ビル
　　　　　　電話：06-6135-4050　ファックス：06-6135-4059

https://www.setsuken.net　（接客サービスマナー検定）
https://www.japan-service.org　（日本サービスマナー協会）
＊
印刷・製本　／　エクスプレス
＊
落丁・乱丁本はお取替えいたします。
本書の全部または一部を無断で複製複写（コピー）することは、著作権法上での例外を除き、禁じられています。

ISBN978-4-433-49115-4